职业院校课程改革特色教材（汽车类）

ZHIYE YUANXIAO KECHENG GAIGE TESE JIAOCAI (QICHELEI)

汽车维护一体化教程

■ 车小平　总主编

孙振保　柯裕伟　主编

人 民 邮 电 出 版 社

北　京

图书在版编目（CIP）数据

汽车维护一体化教程 / 孙振保，柯裕伟主编. -- 北京：人民邮电出版社，2014.9(2021.3重印)
职业院校课程改革特色教材. 汽车类
ISBN 978-7-115-36119-6

Ⅰ. ①汽… Ⅱ. ①孙… ②柯… Ⅲ. ①汽车－车辆修理－高等职业教育－教材 Ⅳ. ①U472.4

中国版本图书馆CIP数据核字(2014)第179964号

内容提要

本书以培养学生的汽车维护技能为核心，以工作过程为导向，详细介绍了车身维护、汽车底部检查维护、车轮制动器检查、发动机室的检查维护和道路检测的操作等内容。

本书以工作过程为导向，采用理论与实践一体化教学的方式组织内容，每个项目来源于企业的典型案例。本书与《汽车维护一体化学生手册》相互配合使用，主要内容包括汽车维护岗位 8 个方面的工作中的 18 个具体的专项汽车维护工作任务，每个项目单元由理论知识题、项目实践题、项目考核题和项目成绩统计等 4 部分组成。通过学习和训练，学生不仅能够掌握汽车维护知识，而且能够掌握汽车维护工作流程和技能，达到中级汽车维修工的水平。

本书可作为中、高等职业技术学院汽车应用类专业的教学用书，也可供有关技术人员参考、学习、培训之用。

◆ 总 主 编　车小平
主　　编　孙振保　柯裕伟
责任编辑　刘盛平
执行编辑　刘　佳
责任印制　焦志炜

◆ 人民邮电出版社出版发行　　北京市丰台区成寿寺路 11 号
邮编　100164　　电子邮件　315@ptpress.com.cn
网址　http://www.ptpress.com.cn
固安县铭成印刷有限公司印刷

◆ 开本：787×1092　1/16
印张：8　　　　　　2014 年 9 月第 1 版
字数：167 千字　　　2021 年 3 月河北第 11 次印刷

定价：19.80 元

读者服务热线：(010)81055256　印装质量热线：(010)81055316
反盗版热线：(010)81055315
广告经营许可证：京东市监广登字20170147号

汽车维护一体化教程

编 委 会

PREFACE 前言

汽车维护是汽车维修的典型工作任务之一，是汽车维修技术人员、汽车维修工的典型工作任务，是汽车维修技术技能人才必须掌握的技能，也是中职汽车维修专业的一门重要的专业核心课程。

本书以工作过程为导向，强调学习的内容与将来所从事的工作相关联，以典型汽车为例，根据课程目标，采用理论与实践一体化教学的方式，组织包含涵盖职业岗位典型工作任务，与社会生活、实际生产相关联的实践问题、理论知识、操作技能以及学习评价等内容，并设定了理论与实践一体化教学模式、教学内容、技能训练和教学评价反馈体系的“教、学、做、考”的四位一体教学程序。

本书按照职业岗位的专项工作任务及工作过程的逻辑关系把汽车维护的 10 个工作任务共 26 个专项工作任务，确定为 10 个教学项目和 26 个教学项目单元。

本书分《汽车维护一体化教程》和《汽车维护实训手册》两册教材。《教程》以岗位典型工作任务中的专业理论知识和技能操作技术要求、技术规范等为主要内容，《实训手册》以岗位典型工作任务中相关的专业理论知识练习题，项目操作规程、方法步骤等为主要内容，将课程项目单元考核评价、课程项目评价和课程综合性评价组成一体化课程教学质量评价体系。

教师根据《汽车维护一体化教程》讲授岗位典型工作任务中的专业理论知识和项目操作技术规范等内容，根据《汽车维护一体化实训手册》指导学生进行专业理论题练习，技能操作、教学考核评价。学生可以在教师指导下，完成《汽车维护一体化实训手册》中的专业理论学习作业，或自主地通过学习《汽车维护一体化教程》完成《汽车维护一体化实训手册》中的专业理论学习作业，也可以按照《汽车维护一体化实训手册》中的项目操作规程、方法步骤等内容进行技能操作训练，还可以通过课程项目单元考核评价进行自我评价和互相考核。

通过 10 个项目共 20 个项目单元的学习和训练，学生不仅能够掌握汽车维护知识，而且能够掌握汽车维护的方法和技能操作，达到汽车维修中级工汽车维护的水平。

本书的参考学时为 65～83 学时，建议采用理论实践一体化教学模式，各章的参考学时见下面的学时分配表。

学时分配表

项　　目	课 程 内 容	学　　时
项目一	汽车维护知识	2～4
项目二	日常维护作业	5～7
项目三	定期维护项目之车身检查	16～18
项目四	汽车定期维护之汽车底部检查	14～16
项目五	车轮、轮胎和制动器检查	8～10
项目六	制动器拖滞检查和车轮安装	2～4
项目七	发动机室的检查	10～12
项目八	复查工作	2～4
项目九	恢复清洁	2～4
项目十	道路检测（选修章节）	4～6
课时总计		65～833

由于时间仓促，编者水平和经验有限，书中难免有欠妥和错误之处，恳请读者批评指正。

编者

2014 年 4 月

目录 CONTENTS

项目一 1 汽车维护知识

项目单元一 汽车维护基本知识

学习目的

知识要点：

① 了解我国汽车维护的制度和目的

② 了解汽车维护的级别、汽车各类维护作业周期及中心内容

③ 掌握汽车维护工作的安全知识

一、汽车维护的制度、目的和必要性

1．汽车维护制度

汽车维护制度是指对汽车进行维护工作而规定的技术性组织措施，是贯彻安全第一、预防为主的方针，保障汽车运行安全的基本制度。汽车维护应贯彻以预防为主，执行强制维护的原则，保持车容整洁，及时发现和消除故障、隐患，防止汽车早期磨损。汽车维护作业包括清洁、检查、补给、润滑、紧固、调整等，除出现主要总成发生故障必须解体的情况，不得将其解体。

2．汽车维护的目的

汽车由大量的零部件构成，由于车辆的使用时间和使用条件的影响，其会因为磨损、老化或腐蚀而降低性能，所以需要定期维护。可评估出这些构成零件的性能降低程度，经过调整和更换来保持其性能。

3．汽车维护的必要性

（1）汽车维护是汽车的健康诊断

车辆在使用过程中，各个部分不可避免地会产生磨损劣化，在这种状态下继续使用会导致车辆性能降低、发生故障。必须进行定期检查，进行必要的维修和更换必要的零部件，以延长汽车的使用寿命。

（2）定期补充或更换油脂、液类用品

为了保证发动机、变速箱、离合器、制动系统、蓄电池等正常工作，油脂类（机油）和液类（制动液、蓄电池电解液、冷却液等）是非常重要的。这些油液具有润滑、冷却、防锈等作用，其在使用过程中会逐渐减少、变脏，这是造成汽车零部件工作性能降低和故障（烧蚀、工作不良）的原因。

（3）定期检查保养、更换新橡胶带

汽车中使用了大量的皮带。比如风扇皮带、正时皮带、动力转向传动皮带等等，这些皮带都是用橡胶做成的。橡胶具有柔软性，但长时间使用易老化。橡胶皮带如果使用时间久了，就会出现裂痕（龟裂）甚至断裂，造成发动机破损、方向盘变重。针对这些潜在故障，对皮带等橡胶部件进行定期的检查保养或更换是非常重要的。

另外，刹车软管、散热器软管等也是由橡胶做成的，出现劣化等现象也是不可避免的。特别是刹车软管，仅凭外观可能无法判定其好坏，必须定期检查或更换。

（4）定期保养磨耗（磨损）零部件

汽车制动摩擦衬片、轮胎等零部件，随着其发挥作用也会不断磨耗。而这些零部件也有一定使用限度（磨耗限度），并不是可以永久使用的。如超磨耗限度使用，不仅会发生故障，而且还会造成事故。因此，定期的检查，适时的更换是必要的。

二、汽车维护的类别和作业周期

1．汽车维护类别 class of vehicle maintenance

汽车维护按汽车运行间隔期、维护作业内容或运行条件等划分为不同类别或等级。可分为日常维护、一级维护、二级维护三种。

（1）日常维护 daily maintenance

以清洁、补给和安全性能检视为中心内容的维护作业。

（2）一级维护 elementary maintenance

除日常维护作业外，以润滑、紧固为作业中心内容，并检查有关制动、操纵等系统中的安全部件的维护作业。

（3）二级维护 complete maintenance

除一级维护作业外，以检查、调整制动系、转向操纵系、悬架等安全部件，拆检轮胎，进行轮胎换位，检查调整发动机工作状况和汽车排放相关系统等为主的维护作业。

2．汽车各类维护作业周期

汽车维护周期是指进行同级维护之间的间隔里程（或时间）。

汽车维护必须遵照道路运政管理机构或汽车制造厂《汽车使用说明书》规定的里程或间

隔时间，按期强制执行。各级维护项目和周期的规定，必须根据汽车结构性能、使用条件、故障规律、配件质量及经济等情况综合考虑。

例如日本丰田汽车规定的维护保养

（1）日常检查保养

汽车日常使用中，可依据行驶距离、时间以及车辆行驶时的状态来判断实施检查保养的适当时间。由顾客自行实施。

（2）定期检查保养

汽车每行驶5000km或每隔6个月需要进行定期检查保养。

（3）定期检查保养的方式

丰田指定的检查保养项目和检查时间，是以6个月行驶约5000km标准的轿车（私家车）为对象进行设定的。行驶条件明显不同时，应比这个期限更早地进行检查保养。

日本丰田汽车的维护周期以及维护的项目内容是以6个月行驶约5000km进行设定的，可分为5000km或6个月、10000km或12个月、15000km或18个月、20000km或24个月、25000km或30个月，依此类推到100000km或120个月。其中在40000km或48个月和80000km或96个月的检查保养周期时，检查保养的项目最多、最全面。

维护的方法是日常维护加定期维护。

表1-1-1　　丰田汽车定期检查保养项目和检查时间

	检查项目	5000km或6个月	10000km或12个月	15000km或18个月	20000km或24个月	25000km或30个月	40000km或48个月
发动机基本部件	正时皮带						
	气门间隙						
	传动皮带	√			√		√
	机油	√	√	√	√	√	√
	机油滤清器	√	√		√		√
	冷却和加热系统						√
	发动机冷却液	√					√
	排气管和装配件				√		√
	变换器冷却液	√					
点火系统	火花塞				√		√
	蓄电池	√	√		√		√

（续表）

	检查项目	5000km或6个月	10000km或12个月	15000km或18个月	20000km或24个月	25000km或30个月	40000km或48个月
燃油和排气控制系统	燃油滤清器						
	空气滤清器	√	√		√		√
	燃油箱盖、燃油管、接头和燃油蒸气控制阀						√
	活性炭罐						√
底盘和车身	离合器踏板	√					√
	制动踏板和驻车制动器	√	√		√		√
	制动摩擦片和制动鼓				√		√
	制动摩擦衬块和制动盘		√		√		√
	制动液	√	√		√		√
	离合器液	√	√		√		√
	制动管路和软管	√			√		√
	动力转向液	√	√		√		√
	转向盘、连杆和转向机	√	√		√		√
	传动轴套				√		√
	手动变速器油						√
	自动变速器油						√
	混合动力传动桥液						√
	差速器油				√		√
	前后悬挂装置	√	√		√		√
	轮胎和充气压力	√	√		√		√
底盘和车身	灯光、喇叭、刮水器和清洁器	√	√		√		√
	空调滤清器				√		√
	空调冷却剂的量	√			√		√

项目单元二 汽车维护工作的安全知识

学习目的

1．知识要点：

① 了解汽车维护作业的安全

② 了解个人维护作业的安全

2．技能要点：

① 掌握汽车维护作业安全知识

② 掌握个人维护作业知识

一、汽车维护作业安全

1．汽车维护作业的准备和场所

（1）切勿在阻碍行人或阻碍交通的地方进行检查。如不仔细确认周围的安全，则容易发生意外事故。

（2）请不要在倾斜的地方进行检查，会有因汽车滑动而造成伤害的危险。并且，在检查油量和液量时，也无法进行正确测量。

（3）请在驻车制动后，直至车轮转动停止后再进行检查。如驻车制动不完全或车轮转动没有停止时就进行检查，会因汽车滑动造成意外事故。

（4）汽车上备置的千斤顶，仅在更换轮胎或安装轮胎链条时使用，请勿在检查保养中使用。在抬起汽车时，请使用合适的举升设备，切实地固定汽车。在车体较为锋利的端部等进行操作时，为不使手受伤，建议使用保护手套。

2．发动机室内的检查

（1）切勿在发动机工作状态下进行检查。发动机在运转中，如手接触到皮带或风扇等旋转部位，会被卷入，引发意外事故。而且，如接触到火花塞和高压线等电气系统，则会发生触电事故，十分危险。

（2）切勿在点火接通或打开状态下进行检查。即使冷却风扇一时停止，但在冷却水温度很高的情况下，仍会再次自动启动，进而会导致伤害。

（3）发动机停机后不久，切勿接触排气管、散热器等高温部位，会有烧伤的危险。

（4）切勿在发动机室内放置物品，特别是纸、布或易燃物品等。如放置后忘记取走，则可能会起火，十分危险。

二、个人维护作业安全

1．安全重要性

（1）重视安全工作，防止事故的发生。小心防止事故伤害到自己。

（2）如果在工作中受伤，将不仅仅影响你，而且也会对你的家庭、同事和公司造成影响。

2．事故因素

（1）人为因素造成的事故

指由于不正确使用机器或工具，穿着不合适的衣物，或技术员不小心造成的事故。

（2）自然因素造成的事故

指由于机器或工具出现故障，缺少完整的安全装置，或者工作环境不良造成的事故。

图 1-2-1　维护员疏忽大意示意图

图 1-2-2　工作环境不良（无通风装置）示意图

图 1-2-3　技术员不良习惯因素示意图

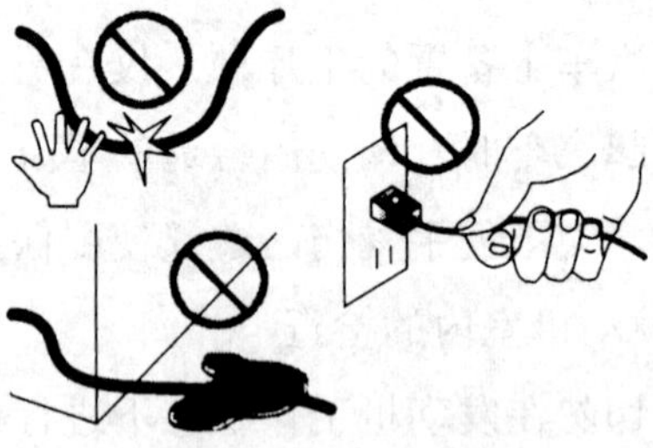

图 1-2-4　技术员操作不正确因素示意图

项目二 日常维护作业

一、日常维护作业项目

日常维护作业是以清洁、补给和安全性能检视为中心内容的维护作业。它包括汽车维护前的预检、发动机舱内各种油液液位检查、轮胎检查、轮圈和轮盘检查、车灯检查、洗涤器（喷洗器）与刮水器检查、驻车制动杆与行车制动器检查、方向盘和喇叭检查等作业项目。

汽车在日常使用中，汽车驾驶员可依据汽车已经行驶的距离或时间来实施日常维护。一般在长距离行驶前、洗车时或加油时可以进行日常维护作业。

二、日常维护作业项目工作内容

（一）汽车维护前的预检

汽车维护前的预检工作是日常维护的准备工作。主要做车轮安装挡块、驻车制动和驾驶室内的准备工作。

（二）发动机舱内各种油液液位检查

在汽车行驶过程中，发动机舱内各种油液是汽车，特别是发动机运转所必需的。主要检查发动机冷却液、机油液面，制动液液位，喷洗器液位和蓄电池电解液液位。

（三）轮胎以及轮圈和轮盘检查

轮胎是车辆的重要部件之一，关系到汽车的安全运行。主要检查轮胎气压，轮胎龟裂、损伤和有无金属嵌物及其他异物，轮胎花纹的深度、异常磨损以及轮圈和轮盘。

（四）车灯检查

车灯作为汽车功能的重要构成部分和车身外形的装饰，其最基本的作用是保证行车安全。因此，必须保证车灯的齐全有效。主要检查汽车照明系车灯、汽车信号系车灯、警告灯。

（五）洗涤器（喷洗器）与刮水器检查

喷洗器是为了清除挡风玻璃上的雨水或灰尘而设置的，刮水器是为了保证汽车在雨天、雪天和有雾的天气时，驾驶员有良好的视线，确保行车安全。主要检查喷洗器与刮水器。

（六）驻车制动杆与行车制动器检查

驻车制动器（即手刹车）与行车制动器是保障行车安全的重要部件之一，其技术状况的好坏，直接影响到行车及停车安全。主要检查驻车制动杆与行车制动器。

（七）方向盘和喇叭检查作业

方向盘是转向操纵系统的重要部件之一，汽车喇叭是车辆安全设备，其技术状况的好坏，直接影响到行车安全。主要检查方向盘和喇叭。

项目单元一 发动机舱内的各种液位的检查

学习目标

1．知识要点：

① 了解发动机舱内各种油液位检查的作用

② 了解检查发动机舱内各种油液位的工作内容和技术要求

2．技能要点：

掌握发动机舱内各种油液位的检查方法

一、检查发动机舱内各种油液液位的作用

在汽车维护的整个过程中，有些项目在维护保养时是需要启动发动机和在发动机运转状态下进行的，而各种液类如发动机机油、冷却液等是启动发动机和发动机运转所必需的。因此，必须检查各种油液液位情况。发动机舱内各种油液液位检查，如图 2-1-1 所示。

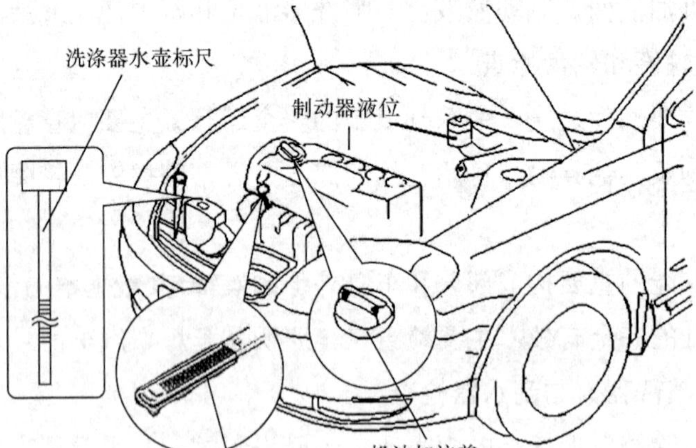

图 2-1-1　发动机舱内各种油液液位检查示意图

二、检查发动机舱内各种油液液位的工作内容

1．检查发动机冷却液液位

2．检查发动机机油液位

3．检查制动液液位

4．检查喷洗器液位

5．检查蓄电池电解液液位

三、检查发动机冷却液液位

1．发动机冷却液的作用

发动机冷却系统使发动机的工作温度保持恒定。发动机在工作时，冷却液会有微量的损失，时间长了形成冷却液的液位下降。若冷却液不足，会导致发动机过热，损害发动机。须做日常检查和定期检查。

2．检查发动机冷却液液位方法

发动机冷却液液位的正常情况是冷却液的液位在补偿水箱（储液罐）标尺上的最高位置与最低位置之间，如图 2-1-2 所示。冷却液太多，有可能在发动机水温高时溢出。冷却液太少，如果冷却液的水平降到最低点以下，说明发动机缺水，会升温。

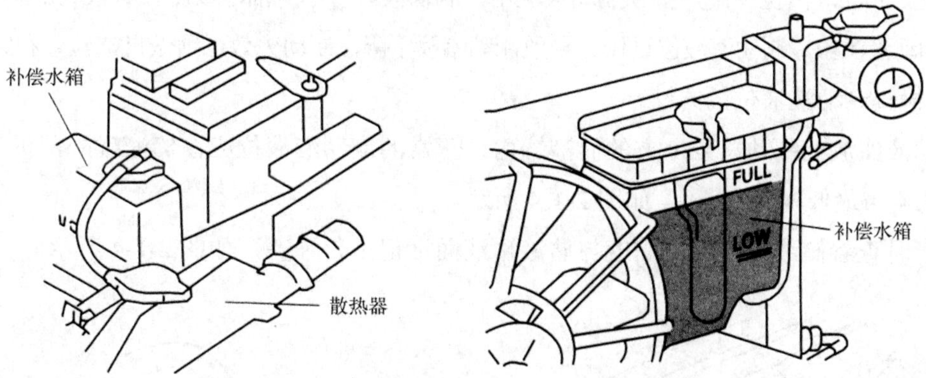

图 2-1-2　发动机冷却液液位检查示意图

检查时确认散热器补偿水箱内冷却液的高度在补偿水箱（储液罐）标尺上的最高位置与最低点之间。

四、检查发动机机油液位

1．检查发动机机油液位的作用

发动机的润滑系统的功用就是在发动机工作时连续不断地把数量足够、温度适当的洁净机油以压力润滑方式和飞溅润滑方式送到运动件的摩擦表面，并在摩擦表面之间形成油膜，实现液体摩擦。从而减小摩擦阻力、降低功率消耗、减轻机件磨损，以达到提高发动机工作可靠性和耐久性的目的。如果发动机机油不足，有可能造成发动机损坏。须做日常检查和定期检查。

2．检查发动机机油液位的方法

检查时查看发动机机油液位是否在油标尺正常的范围内，如图 2-1-3 所示。

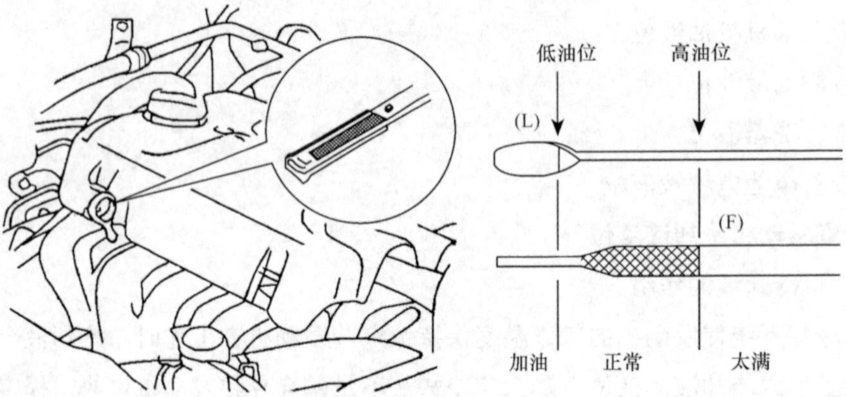

图 2-1-3　发动机机油液位检查示意图

五、检查制动液液位

1．检查制动液液位的作用

汽车制动液是由基础油或基础液以及各种添加剂组成，是用于汽车液压制动系统中传递压力，使车轮制动器实现制动作用的一种功能性液体。汽车制动液的质量状况和数量直接关系到车辆的行驶安全。制动液液位过高，会使制动液溢出，制动液对于车身油漆或底盘有很大的腐蚀性，必须防止制动液溢出。制动液液位过低会导致制动踏板下降，制动失效，须做日常检查和定期检查。

2．检查制动液液位的方法

制动液盛放在制动总泵上方的储液罐内，正常的制动液液位应在储液罐外部标记位置的最高 MAX 与最低 MIN 之间，如图 2-1-4 所示。

检查时查看储液罐内液面高度与储液罐液面标记是否平齐，如图 2-1-4 所示。

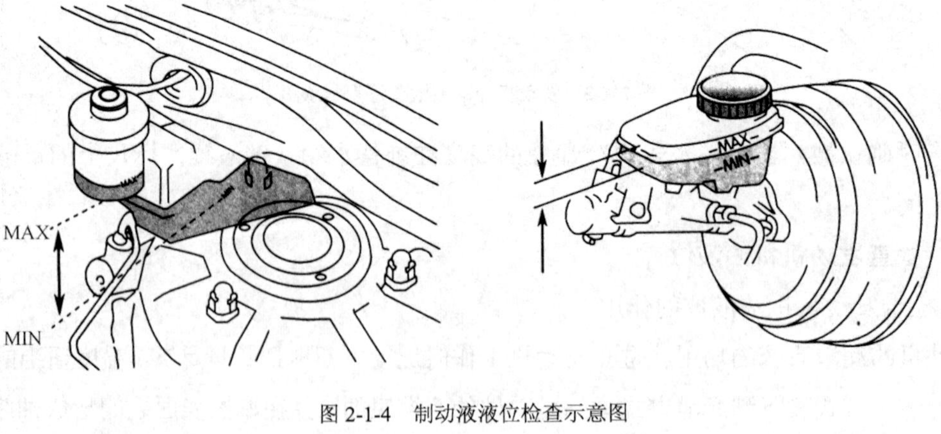

图 2-1-4　制动液液位检查示意图

六、检查喷洗器液位

1．检查喷洗器液位的作用

汽车挡风玻璃刮水器用于刮掉附于玻璃上的雨、雪、泥土、尘埃及其他污物。但在刮泥土、尘埃时，如果在玻璃上没水的情况下，使用刮水器进行干刮就很难刮净，甚至会划伤玻璃。现代轿车设有挡风玻璃喷洗器与刮水器协同工作。喷洗器内液体不足有可能影响驾驶员视野。须做日常检查和定期检查。

2．检查喷洗器液位的方法

检查时，查看喷洗器储液罐内的液面高度尺是否在正常的高度上，液位是否在高度尺正常的范围内，如图 2-1-5 所示。

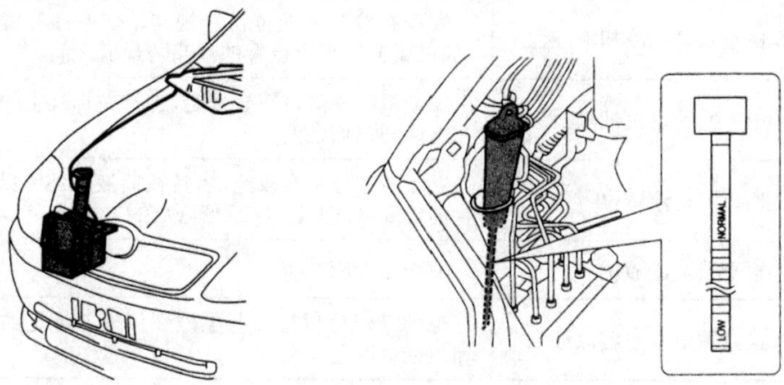

图 2-1-5　洗涤器（喷洗器）液位检查示意图

七、检查蓄电池电解液液位

1．检查蓄电池电解液的作用

铅酸蓄电池电解液是由相对密度为 1.84 的化学纯净硫酸和蒸馏水按一定的比例配制而成的。蓄电池电解液在充、放电过程中，会发生减液现象，时间长了，电解液液位会下降。电解液不足会造成蓄电池的损坏。须做日常检查和定期检查。

2．检查电解液液位的方法

蓄电池电解液被盛在蓄电池壳体内，正常的电解液液位应在蓄电池壳体外部标记的最高和最低刻度之间，如图 2-1-6 所示。电解液太多会溢出，电解液太少会造成蓄电池的损坏。

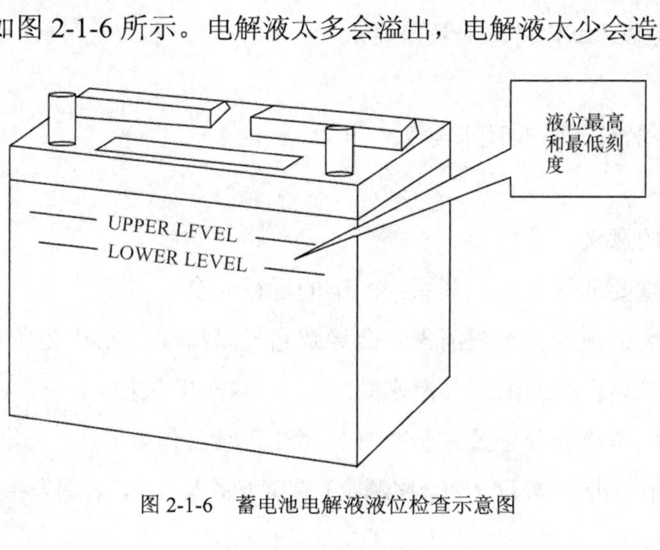

图 2-1-6　蓄电池电解液液位检查示意图

检查时，查看电解液位是否在蓄电池壳体外部标记的最高和最低刻度之间，如果液位低于最低刻度，须补充加入蒸馏水。

表 2-1-1　　检查发动机舱内各种液位检查工作表

维护项目作业顺序及项目作业技术要求				
检查发动机舱内各种油液位				
序号	检测部位	检测项目	技术要求	备　注
1	发动机舱	检查发动机冷却液液位	发动机冷却液液位符合规定，保持在补偿水箱（储液罐）标尺上位置的最高与最低之间	
		检查发动机机油液面	发动机机油液位符合规定，保持在标尺上的位置在最高与最低之间	
		检查制动液液位	制动液液位符合规定，保持在储液罐外部标记位置的最高（MAX）与最低（MIN）之间	
		检查喷洗器液位	喷洗器液应注满	
		检查蓄电池电解液液位	电解液液位保持在蓄电池壳体外部标记的最高和最低刻度之间	

项目单元二　轮胎的检查

学习目标

1．知识要点：

① 了解检查轮胎的意义

② 了解检查轮胎的工作内容和技术要求

2．技能要点：

掌握检查轮胎的方法和技术要求

一、检查轮胎的意义

轮胎是车辆的重要部件之一，关系到汽车的运行安全。

（1）如果轮胎磨损使轮胎沟槽消失，会导致它轻易滑动，尤其是当高速行驶在潮湿的地面时，它不能排水，会在水面滑动（滑水效应），导致车辆失控。

（2）如果轮胎气压降低会导致轮胎变形，无法正常工作。

（3）当轮胎接触路面时，异物（如金属颗粒）有可能进入轮胎，容易发生瘪胎，轮胎容易爆裂。

因此必须对轮胎进行日常检查和定期检查。

二、轮胎检查的工作内容

1. 检查轮胎气压。

2. 检查轮胎龟裂、损伤和有无金属嵌物及其他异物。

3. 检查胎壁和胎面有无裂纹、割痕、龟裂或其他损坏。

4. 检查轮胎花纹的深度、是否有异常磨损。

5. 检查轮圈和轮盘的损坏或腐蚀和变形。

三、检查轮胎气压

① 轮胎是车辆的重要部件之一，轮胎气压过低会导致不正常磨损或轮胎内部损伤，轮胎气压过高则会使得轮胎及轮圈较易受到不平路面的冲击而变形，甚至会导致爆胎。轮胎气压须做日常检查和定期检查。

轮胎气压的检查必须是在轮胎冷却的情形下进行，否则高温会使胎压升高，导致测量不准。在常温时，轮胎标准气压值 200～230kPa，随不同车型而异。

② 用观察法检查轮胎气压，在轮胎温度低（行驶前）的状态下。观察轮胎与地面接触部分的变形状态判断轮胎气压是否合适，如图 2-2-1 所示。

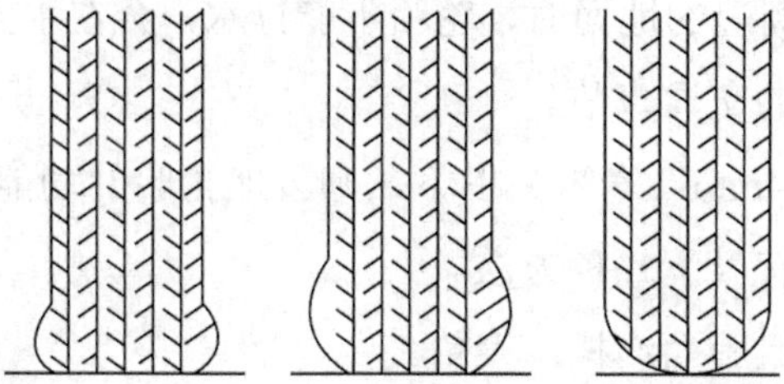

图 2-2-1　轮胎与地面接触部分的变形状态示意图

③ 用轮胎气压表检查轮胎气压，如图 2-2-2 所示。轮胎标准气压值表在驾驶员侧门内侧的后部。

④ 检查气压后，通过在气门周围涂肥皂水的方法检查是否漏气。并确认安装上轮胎气门嘴盖，没有气门嘴盖，灰尘或湿气将进入气门芯并导致漏气。

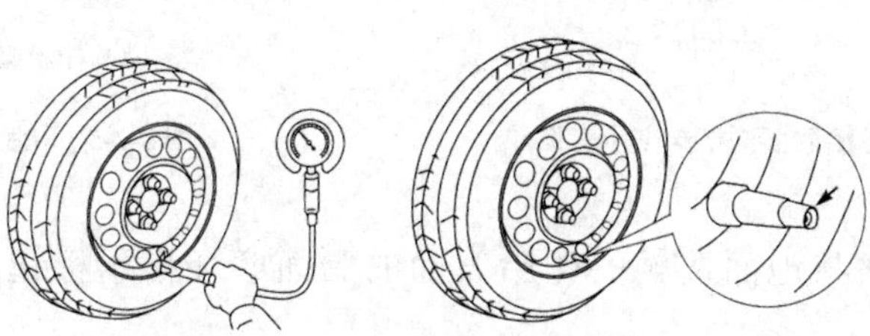

图 2-2-2　轮胎气压校调和轮胎气门嘴示意图

四、检查轮胎有无金属嵌物及其他异物

目视检查轮胎是否有金属嵌物及其他异物。

五、检查胎壁和胎面有无裂纹、割痕、龟裂或其他损坏。

目视检查胎壁和胎面有无裂纹、割痕、龟裂或其他损坏，如图 2-2-3 所示。

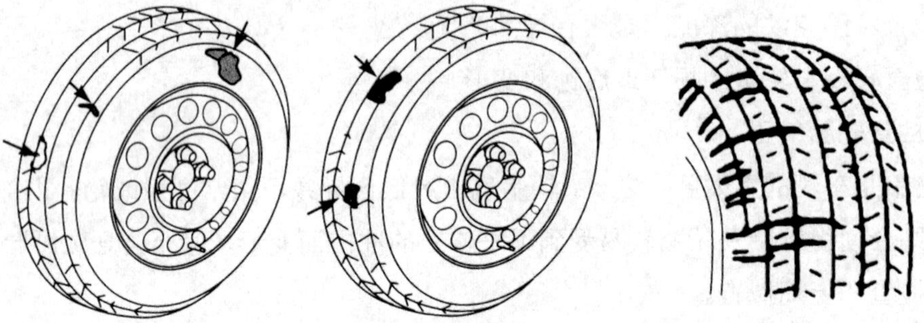

图 2-2-3　轮胎龟裂、损伤示意图

六、检查轮胎花纹的深度、异常磨损

轮胎花纹的深度磨耗至 1.6mm（毫米），如图 2-2-4 所示，或少于此值时会导致轮胎轻易滑动，尤其是高速行驶在潮湿的地面时，轮胎不能排水，会在水面滑动（滑水效应），导致车辆失控，有可能造成严重的交通事故。

如果轮胎胎面磨耗至 4mm（毫米）以下，则雪地轮胎的功能消失。

检查轮胎花纹的深度有以下几种方法。

（1）可以使用直尺测量胎面沟槽深度值。

（2）使用轮胎深度规测量胎面沟槽深度值，如图 2-2-5 所示。

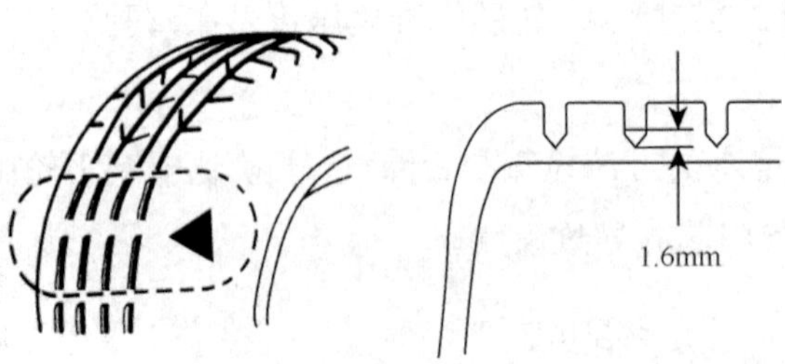

图 2-2-4　轮胎胎面沟槽深度示意图

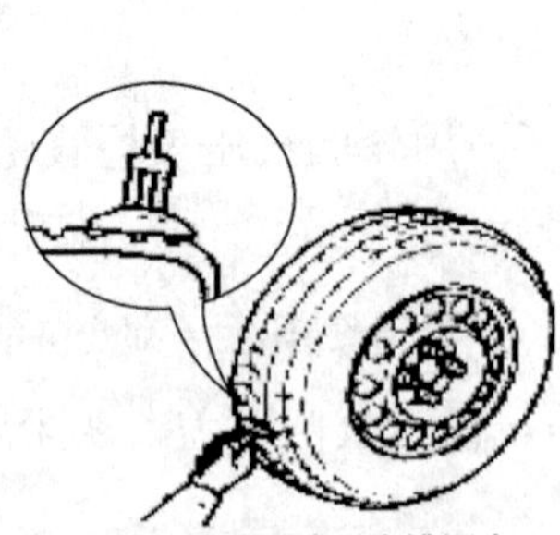

图 2-2-5　轮胎深度规测量胎面沟槽深度示意图

（3）可以通过观察与地面接触的轮胎表面的胎面磨耗指示标记来检查胎面沟槽深度，如图 2-2-6 所示。

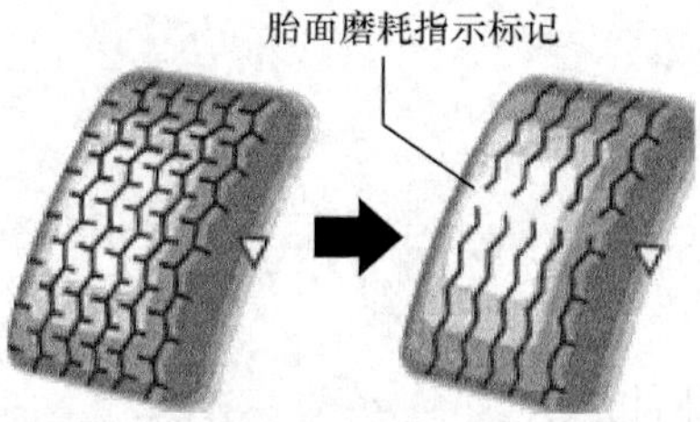

图 2-2-6　胎面磨耗指示标记示意图

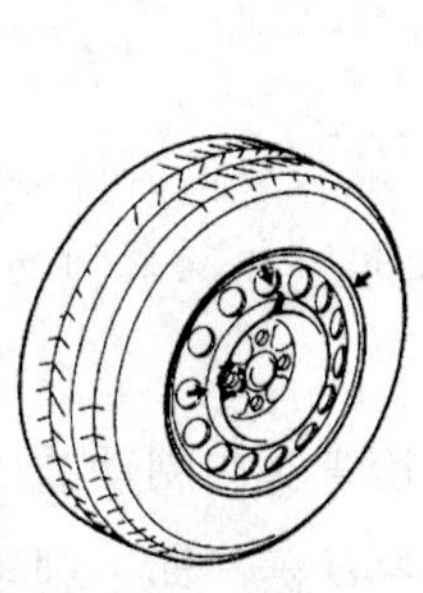
图 2-2-7　轮圈和轮盘的损坏或腐蚀、变形示意图

七、检查轮圈和轮盘的损坏或腐蚀、变形

轮圈和轮盘损坏、腐蚀、变形和跳动会造成车轮的不平衡，将影响车辆的操作稳定性和轮胎的使用寿命。目视检查轮圈和轮盘是否损坏、腐蚀、变形，如图 2-2-7 所示。

表 2–2–1

维护项目作业顺序及项目作业技术要求

检查轮胎

序号	检测部位	检测项目	技术要求	备　注
1	备用轮胎	检查轮胎是否有裂纹和损坏	车轮清洁，胎面无气鼓、裂伤、损坏	
		检查轮胎是否嵌入金属颗粒或其他异物	轮胎无嵌入金属颗粒或其他异物	
		测量胎面沟槽深度	花纹深度不小于 1.6mm	
		检查轮胎是否有异常磨损	轮胎无异常磨损	
		检查轮胎气压	轮胎气压标准按原厂规定	参考值 200～230kPa
		检查轮胎是否漏气	气门嘴完好、轮胎不漏气	
		检查轮胎钢圈是否损坏或腐蚀	轮辋无变形、损坏和腐蚀	

项目单元三　检查驻车制动器与行车制动器

学习目标

1．知识要点：

① 了解检查驻车制动器与行车制动器的意义

② 了解检查驻车制动器与行车制动器的工作内容和技术要求

2．技能要点：

掌握检查驻车制动器与行车制动器的方法和技术要求

一、检查驻车制动器的意义

驻车制动器（即手刹车）是保障行车安全的重要部件之一。

驻车制动器的作用：

（1）停车时，使用驻车制动器来避免车辆无意中的滑动。

（2）车辆在坡道上停车和起步时，使用驻车制动器来避免车辆滑动。

（3）行车制动器失效后临时使用或配合行车制动器进行紧急制动。

驻车制动器技术状况的好坏，直接影响到行车及停车安全。须做日常检查和定期检查。

二、检查驻车制动器的工作内容

1．检查驻车制动杆行程

2．检查驻车制动指示灯

三、检查驻车制动器的方法和技术要求

（一）驻车制动杆行程

① 驻车制动杆行程过长时，驻车制动效能降低。

② 驻车制动杆行程过短时，有可能使驻车制动器拖滞，即驻车制动器处于部分接合状态，如图 2-3-1 所示。

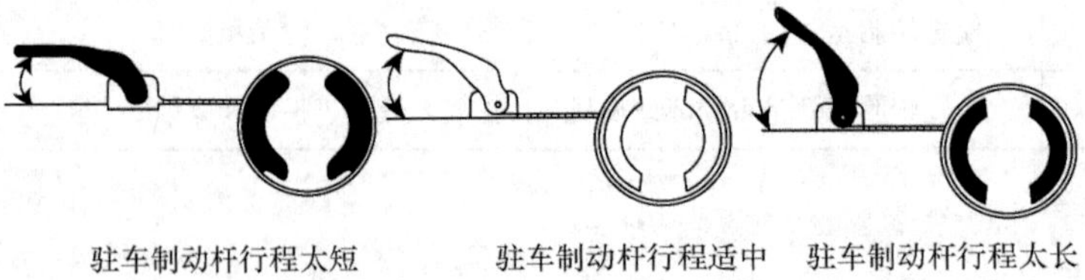

图 2-3-1　驻车制动杆行程工作情况示意图

③ 检查驻车制动杆行程的方法是用一定的力，拉起驻车制动手柄，听棘轮发出的“咔哒”声，通过数出棘轮的齿声数来检查。参考值为 5～9 个齿声数。若齿数声少，则驻车不易释放；若齿声数多，则驻车制动易拉不紧，如图 2-3-2 所示。

（二）检查驻车制动指示灯

当驻车制动杆被拉起时，驻车指示灯就会变亮。提示驻车制动器已被设定，仪表板上的制动器指示灯发亮直至将驻车制动器释放。驾驶员在驾驶之前，须确认驻车制动器充分释放以及驻车制动器指示灯熄灭，如图 2-3-3 所示。

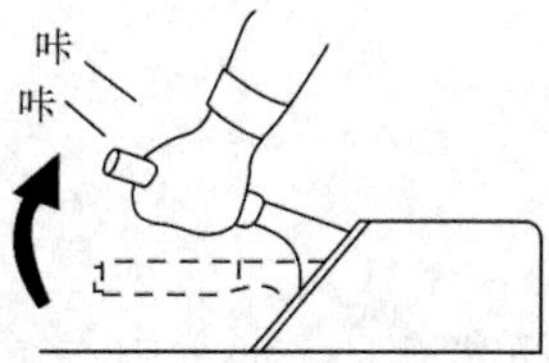

图 2-3-2　检查驻车制动杆行程示意图

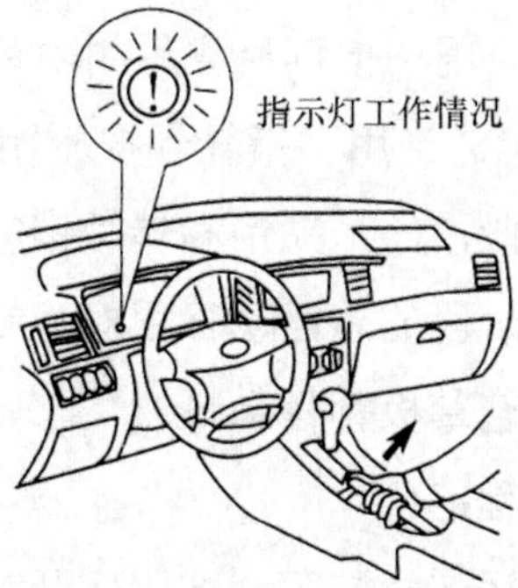

图 2-3-3　驻车制动指示灯的工作情况示意图

四、检查行车制动器的方法和技术要求

（一）检查行车制动器的作用

行车制动器是保障行车安全的重要部件之一。行车制动器能够使运动中的车子减速或停车，或防止停放着的车子发生滑动。如果制动系统有故障，会导致极端危险的情况。因此，对制动系统进行检查维护是必要的。须做日常维护和定期维护。

（二）检查行车制动器的工作内容

1．检查制动器踏板状况

2．检查制动踏板行程

3．检查制动助力器的功能

（三）检查行车制动器的方法和技术要求

1．检查制动器踏板状况

制动器踏板是制动系统操纵机构的重要构件，其工作状况的好坏影响到制动器的操纵，如果制动踏板状况不好，会导致极端的危险。须检查制动器踏板的反应灵敏度，是否有踏板不完全落下现象，是否有异常噪声，踏板是否过度松动，如图 2-3-4 所示。

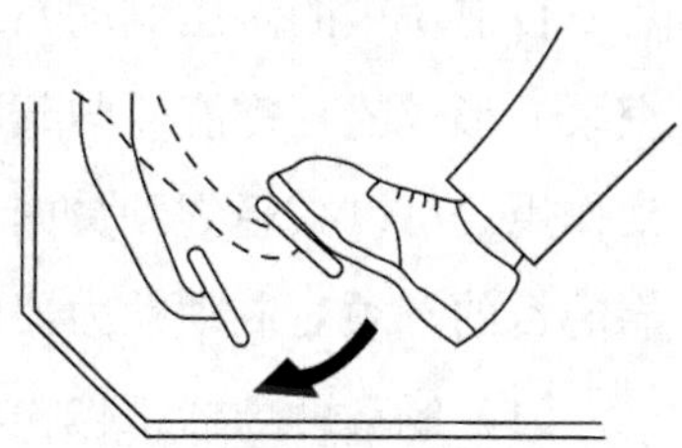
图 2-3-4　检查踏板工作状态示意图

2．检查制动踏板行程

为了获得合适的制动力，需要正确的制动踏板行程。制动踏板行程要符合原厂规定。须检查制动器踏板的高度、自由行程和行程余量等，如图 2-3-5 所示。

（1）踏板高度

制动踏板高度指制动踏板处于自由状态时，制动踏板与车前围内壁的距离。

（2）制动踏板自由行程

操作规程：

反复踩制动踏板直至助力器中无真空为止，然后，使用手指轻轻按压制动踏板直至感到有阻力为止，用一把直尺测量制动踏板的自由行程（制动踏板自由行程参考值 1～6mm）。如图 2-3-5 所示。当用手指轻轻按压制动踏板时，制动踏板的运动行程在两个阶段发生变化。

第一阶段，U 形夹销和转轴销的松动。第二阶段，推杆刚好在液压升高之前运动。第一阶段与第二阶段的总运动行程即为制动踏板的自由行程。

（3）检查踏板行程余量

操作规程：

发动机运转及驻车制动器松开时，按原厂规定的力踩下制动踏板时，如丰田汽车规定用 490N（50kgf，110cbf）的力踩制动踏板，然后使用一把直尺测量踏板行程余量是否处于规定的范围内（踏板行程余量参考值大于 55mm），如图 2-3-5 所示。

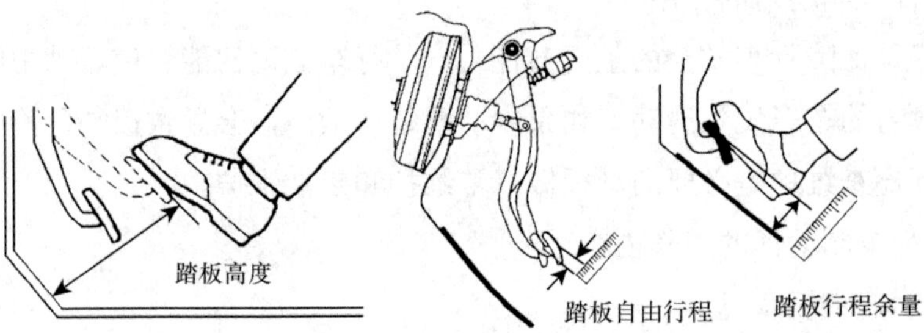

图 2-3-5　检查踏板高度、踏板自由行程和踏板行程余量示意图

3．检查制动助力器的功能

目前轿车的液压制动系统中，大多采用真空助力式制动系统，利用发动机进气管（或真空泵）形成的真空度，与驾驶员加于制动踏板上的力一起来推动主缸活塞移动，从而产生制动作用。可以减轻驾驶员施加于制动踏板上的力，增加车轮制动力，达到操纵轻便、制动可靠的目的。须对制动助力器的功能进行工作检查、气密性检查和真空检查等。

（1）制动助力器工作检查

通过在不启动发动机和启动发动机的两种状态下来检查制动助力器工作情况：①不启动发动机状态下，发动机进气管没有形成真空度，制动助力器不起作用；②启动发动机状态下，发动机进气管形成真空度，制动助力器起作用，如图 2-3-6 所示。

（2）气密性检查

通过先启动发动机让发动机进气管形成的真空作用给制动助力器后停机，然后检查是否维持了制动助力器中的真空、恒压室和变压室是否密封、空气阀是否允许空气流入，如图 2-3-7 所示。第一次踩制动踏板时踏板应大幅下降，但第二、三次后踏板位置逐渐上升，如果是这样，则表示制动助力器气密性良好。

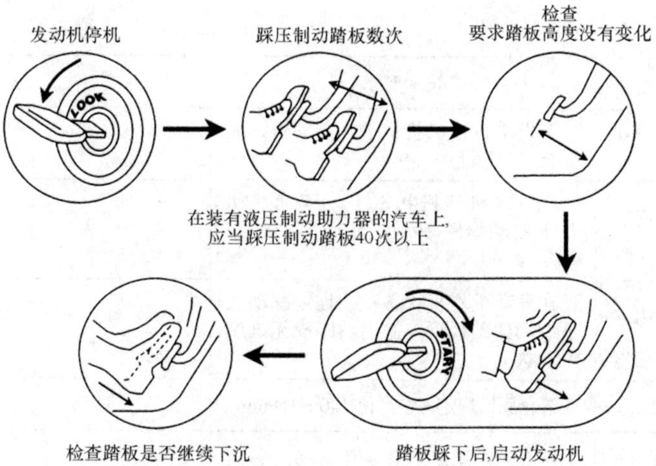

图 2-3-6　检查制动助力器工作示意图

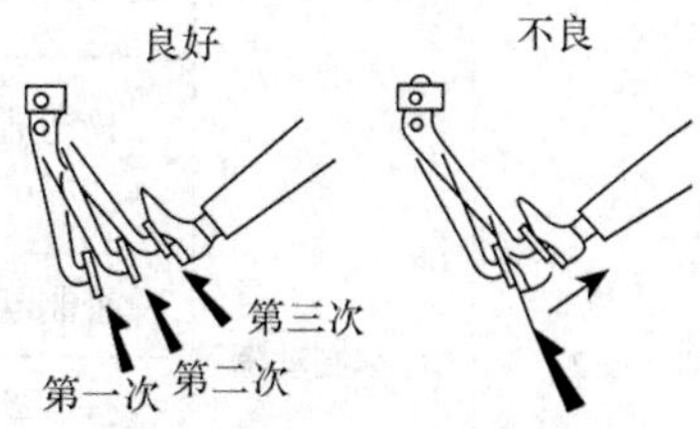

图 2-3-7　检查制动助力器气密性示意图

（3）真空检查

通过先启动发动机让发动机进气管形成真空后，再让制动助力器工作使制动助力器室中有真空压力后停机，检查制动助力器室的真空压力是否没有减小，如图 2-3-8 所示。

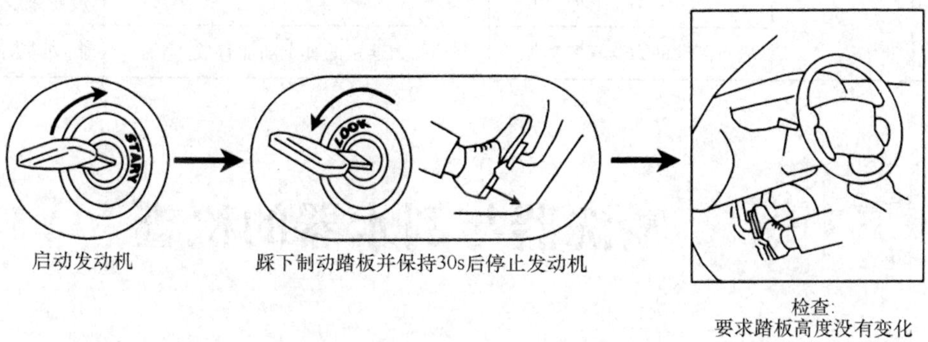

图 2-3-8　检查制动助力器真空检查示意图

表 2–3–1　　驻车制动杆与行车制动器检查工作表

维护项目作业顺序及项目作业技术要求				
检查驻车制动器与行车制动器				
序号	检测部位	检测项目	技术要求	备　注
1	驻车制动器	检查驻车制动杆行程	符合原厂规定，当驻车制动杆被 20kg 的拉力拉起时，锁止生效齿数参考值 5～9 齿，锁止有效	
		检查驻车制动器指示灯	驻车制动指示灯开关灵敏、有效。当驻车制动杆被拉起一个槽口时，驻车制动指示灯点亮。当驻车制动杆复位后驻车制动指示灯熄灭	
2	行车制动器	检查制动器踏板应用状况（响应性）	在发动机停机状态下，连续踩动几下制动器踏板后，制动器踏板的响应性应良好（反应灵敏度高）	

（续表）

序号	检测部位	检测项目	技术要求	备　注
2	行车制动器	检查制动器踏板应用状况（完全踩下）	在发动机停机状态下，制动器踏板完全可以踩下	
		检查制动器踏板应用状况（异常噪声）	在发动机停机状态下，连续踩动几下制动器踏板后，制动器踏板无异常噪声	
		检查制动器踏板应用状况（过度松动）	在发动机停机状态下，连续踩动几下制动器踏板后，制动器踏板无过度松动状况	
		检查制动踏板高度	应符合原厂规定，参考值140～150mm	
		检查制动踏板自由行程	应符合原厂规定，参考值1～6mm	
		检查制动踏板行程余量	应符合原厂规定，参考值70～80mm	
		检查制动助力器工作情况	制动助力器应工作正常有效	启动发动机后，制动器踏板应下沉
		检查制动助力器气密性情况	制动助力器中维持真空，恒压室和变压室应密封，空气阀有效	踩压制动踏板数次后，踏板返回的高度越来越大
		检查制动助力器真空功能	制动助力器室的真空功能有效	制动踏板高度不变化

项目单元四　喷洗器与刮水器的检查

学习目标

1．知识要点：

① 了解检查喷洗器与刮水器的意义

② 了解检查喷洗器与刮水器的工作内容和技术要求

2．技能要点：

掌握检查喷洗器与刮水器的方法和技术要求

一、检查喷洗器与刮水器的意义

喷洗器是为了清除挡风玻璃上的雨水或灰尘而设置的，当挡风玻璃在干燥的状态时，使用刮水器会刮伤玻璃。为防止划破挡风玻璃，需使用喷洗器喷洒清洁液后与刮水器协同工作。喷洗器工作不正常，会影响驾驶员视野。刮水器是为了保证汽车在雨天、雪天和有雾的天气时，驾驶员有良好的视线，确保行车安全。喷洗器与刮水器须做日常检查和定期检查。

二、喷洗器与刮水器检查的工作内容

1．喷洗器检查的工作内容

① 检查喷洗器喷射的清洁液是否集中在刮水器工作范围内。

② 检查喷洗器清洁液压力是否足够。

③ 检查喷洗联动刮水器功能。

2．检查刮水器的工作内容

① 检查刮水器工作性能。

② 检查刮水器停止位置。

③ 检查刮水器刮拭效果。

三、检查喷洗器的方法和技术要求

1．检查喷洗器清洁液喷射位置是否集中在刮水器工作范围内

喷洗器工作时，通过挡风玻璃前 1～2 个洗涤喷嘴将清洁液喷射到挡风玻璃刮水器工作范围内，如图 2-4-1 所示。然后刮水器协同工作，如图 2-4-2 所示。如果清洁液喷射位置不在挡风玻璃刮水器工作范围内，会造成刮水器在挡风玻璃干燥的状态下工作，刮水器会刮伤玻璃。

图 2-4-1 喷洗器喷射状态示意图

图 2-4-2 刮水器协同工作示意图

2．检查喷洗器清洁液压力是否足够

喷洗器中的洗涤泵是由永磁直流电动机和离心叶片泵组成一体。喷洗器工作时，洗涤泵将清洁液以一定的压力喷出。一般喷射压力为 70～90kPa。如果喷射压力不足，会造成清洁液不能集中在刮水器工作范围内。

3．检查喷洗联动刮水器功能

为了达到良好的清洁效果，一般车辆配备有挡风玻璃喷洗联动刮水器功能。喷洗器工作时，洗涤泵先将清洁液以一定的压力喷射到挡风玻璃后，刮水器会自动刮动 3～5 次，如图 2-4-2 所示。

四、刮水器检查的方法和技术要求

1．检查刮水器性能

现代汽车广泛采用电动刮水器，电动刮水器是由微型直流电动机驱动，通过联动机构，使挡风玻璃外表面的 2 个或 1 个刮水片来回刮扫，以扫除挡风玻璃上的雨水、雪或灰尘。并根据雨水、雪的大小情况设置不同的刮水器性能。刮水器的刮水功能有一次刮扫、间歇功能、Lo 慢速、Hi 快速。刮水器性能必需正常。

2．检查刮水器的停止位置

现代汽车刮水器系统中一般都装有自动复位功能装置。当刮水器停止工作时，为了不影响驾驶员的视线，刮水片应能够自动回到挡风窗玻璃的下部，为此，检查当刮水器开关关闭时，刮水器自动停止在其停止位置——挡风玻璃的下部。

3．刮水器的刮拭效果

刮水器工作是运用挡风玻璃外表面的 2 个或 1 个橡胶刮水片来回刮扫。如果橡胶刮水片老化、变形、损坏等会影响刮水器的刮拭效果，如图 2-4-3 所示。

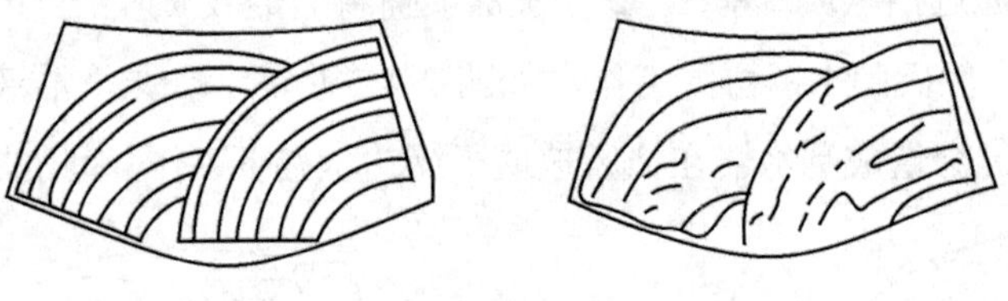

条纹式的刮水痕迹　　　　刮水效果不好

图 2-4-3　刮水器刮拭效果不良示意图

表 2-4-1　　　　喷洗器与刮水器检查工作表

<table>
<tr><td colspan="5">维护项目作业顺序及项目作业技术要求</td></tr>
<tr><td colspan="5">喷洗器与刮水器检查</td></tr>
<tr><td>序号</td><td>检测部位</td><td>检测项目</td><td>技术要求</td><td>备　注</td></tr>
<tr><td rowspan="2">1</td><td rowspan="2">前挡风玻璃喷洗器</td><td>检查喷射力、喷射工作范围</td><td>喷洗器清洁液喷洒压力应足够，喷洗器清洁液喷洒应集中在刮水器工作范围内</td><td></td></tr>
<tr><td>检查喷射时与刮水器联动</td><td>在喷洗器喷洒时，刮水器应可以协同工作</td><td></td></tr>
<tr><td rowspan="6">2</td><td rowspan="6">前挡风玻璃刮水器</td><td>检查刮水器工作情况（一次刮扫）</td><td rowspan="4">刮水器开一次刮扫、Lo 慢速、Hi 快速、间歇功能正常工作</td><td></td></tr>
<tr><td>检查刮水器工作情况（Lo 慢速）</td><td></td></tr>
<tr><td>检查刮水器工作情况（Hi 快速）</td><td></td></tr>
<tr><td>检查刮水器工作情况（间歇功能）</td><td></td></tr>
<tr><td>检查刮水器工作情况（停止位置）</td><td>刮水器开关关闭后，刮水器自动停止在其停止位置（挡风玻璃之下）。</td><td></td></tr>
<tr><td>检查刮水器工作情况（刮拭状况）</td><td>刮水器刮拭后，挡风玻璃上不能出现条纹式的刮水痕迹或其他刮水效果不好的痕迹。</td><td></td></tr>
</table>

项目单元五 车灯的检查

学习目标

1. 知识要点：

① 了解检查车灯的意义

② 了解检查车灯的工作内容和技术要求

2. 技能要点：

掌握检查车灯的方法和技术要求

一、汽车车灯的种类与作用

车灯作为汽车功能的重要构成部分和车身外形的装饰，其最基本的作用是保证行车安全。因此，必须保证车灯的齐全有效。汽车上装有各种灯具，各有不同的用途。

1. 汽车照明系车灯

汽车照明系车灯的作用都是为了夜间行驶照明，标示车辆宽度、仪表等，使驾驶员了解周围环境以及确保安全而安装的。有些车灯用于内部照明如厢灯。

2. 汽车信号系车灯

汽车信号系车灯的作用是向环境（如人、车辆）发出警告、示意信号（如转向信号灯、制动灯信号）和报警等。

3. 警告灯

警告灯的作用是当系统存在故障，需要进行补足或更换，该灯就变亮或闪烁，以便帮助驾驶员安全驾驶。灯的颜色根据紧急或重要的程度不同分为红色或黄色。

二、检查车灯的工作内容

1. 汽车照明系车灯

汽车照明系车灯有①示宽灯；②牌照灯；③尾灯；④仪表灯；⑤前照灯（近光灯）；⑥前照灯（远光灯）和远光指示灯；⑦前照灯闪光器和指示灯；⑧防雾灯和指示灯；⑨厢灯等。

2. 汽车信号系车灯

汽车信号系车灯有①左、右转向信号灯和转向指示灯；②制动灯；③危险警告灯和指示灯；④倒车灯；⑤危险警告灯和指示灯。

3．警告灯

汽车警告灯有①制动系统警告灯；②座椅安全带扣提示灯；③充电系统警告灯；④低机油压警告灯；⑤故障指示灯；⑥燃油液位指示灯；⑦发动机冷却液温度指示灯；⑧ABS 警告灯；⑨SES 警告灯；⑩车门打开警告灯；⑪自动变速器挡位指示灯等。

三、检查车灯的方法和技术要求

（一）检查汽车照明系车灯的方法和技术要求

1．检查示宽灯、尾灯和仪表灯的方法和技术要求

点火开关处于“ON”或发动机处于运转状态时，将汽车组合开关上的灯光控制开关旋动一挡后，示宽灯、尾灯和仪表灯应发亮。

① 示宽灯。俗称“小灯”是标示车辆宽度和长度的车灯，便于夜间安全会车。示宽灯的灯光强度应在夜间距离 100m 以外能看清楚。

② 尾灯。用在夜间行车时，使后面车辆及行人知道该车的存在，以便保持车距。一般安装在汽车牌照上方，兼作牌照灯。灯光为红色，其亮度标准为：在夜间距车 300m 以外应能看清。

③ 仪表灯。仪表灯用于夜间照明汽车上的仪表，使驾驶员能看清各仪表上的指示值。装在驾驶室内的仪表板上，一般为 2～5 只不等。

示宽灯，尾灯牌照灯安装位置，如图 2-5-1 所示。

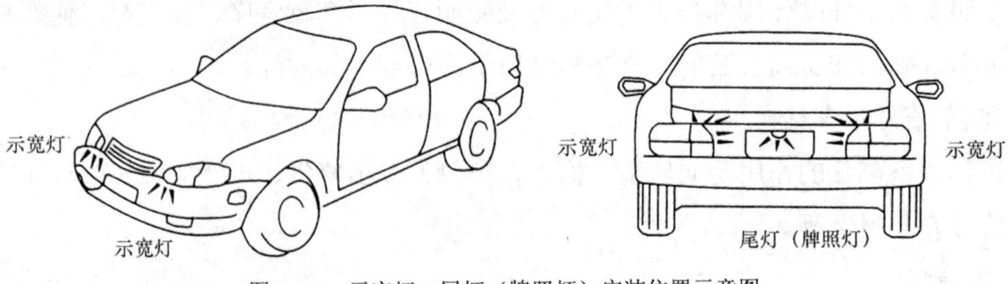

图 2-5-1　示宽灯、尾灯（牌照灯）安装位置示意图

2．检查前照灯的方法和技术要求

（1）检查前照灯点亮

点火开关处于“ON”或发动机处于运转状态时，将汽车组合开关上的灯光控制开关旋动两挡后，前照灯应发亮。若变光器开关处于中间位置，为近光灯打开；若变光器开关处于下端位置，为远光灯打开，同时仪表板上远光指示灯点亮。

（2）检查前照灯远光灯和近光灯切换工作情况

在前照灯处于近光或远光状态时，将变光器开关往下或向上推，检查前照灯远光灯和近光灯切换工作情况。

（3）检查前照灯闪光器和指示灯工作情况

在前照灯处于关闭状态时，将变光器开关向上推到最上端位置，前照灯闪光器打开，前

照灯和指示灯应正常亮或闪。松开变光器开关后，变光器开关应自动落下关闭前照灯和指示灯。前照灯闪光器和指示灯用于超车提示。

前照灯用于夜间行车照明道路，其灯光为白色，分近光和远光，可以通过变光开关切换近光灯和远光灯。远光打开时保证汽车前方 150m 以内的路面上有明亮而均匀的照明。同时远光灯打开时仪表板上的远光指示灯也会点亮，示意远光灯处于打开状态，如图 2-5-2 所示。

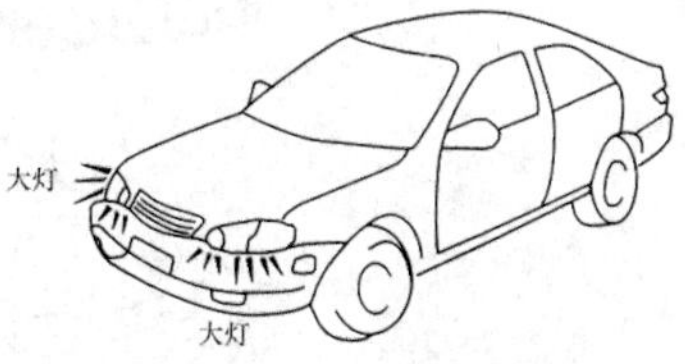

图 2-5-2　前照灯安装位置示意图

3．检查防雾灯和雾灯指示灯的方法和技术要求

① 点火开关处于“ON”或发动机处于运转状态时，将汽车组合开关上的灯光控制开关旋动一挡，再将雾灯开关旋动一挡，检查前雾灯和前雾灯指示灯是否点亮。

② 再将雾灯开关旋动两挡，检查后雾灯和后雾灯指示灯是否发亮。

③ 雾灯开关回到“OFF”位置，雾灯和雾灯指示灯熄灭。

防雾灯可以帮助驾驶员在雾天、大雪、暴雨或尘埃弥漫情况下驾车时提高能见度，并能保证使对面来车及时发现，以便采取措施，安全会车。现代汽车一般采用黄色配光或黄色灯泡。通常在雾天、大雪、暴雨或尘埃弥漫情况下驾车时使用，防雾灯射出的光线倾斜度大，能照明前 30m 内的区域。

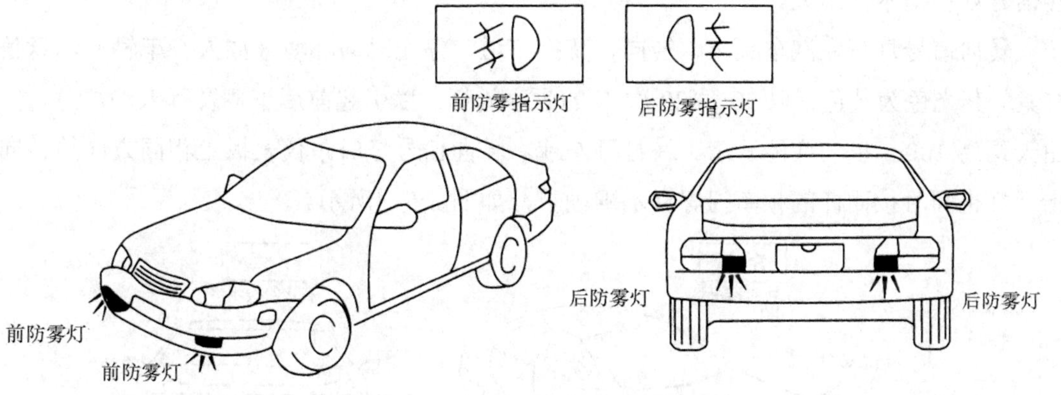

图 2-5-3　防雾灯安装位置示意图

4．检查厢灯的方法和技术要求

将厢灯开关处于“ON”位置，厢灯点亮；将厢灯开关处于“OFF”位置，厢灯熄灭；将厢灯开关处于“DOOR”位置，打开任何一扇车门，厢灯发亮；当所有的车门都关闭后，厢灯延时熄灭。

厢灯供驾驶室和车厢内部照明用，通常装在汽车驾驶室内和客车车厢的顶部，功率一般为 5W。

厢灯开关如图 2-5-4 所示。

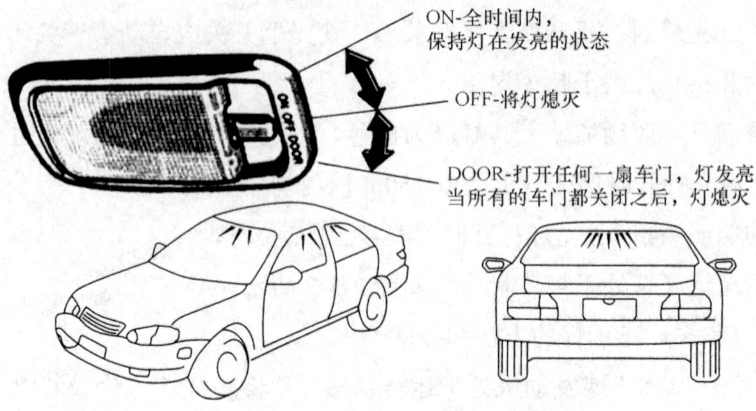

图 2-5-4 汽车厢灯开关和厢灯安装位置示意图

（二）检查汽车信号系车灯的方法和技术要求

1．检查左、右转向信号灯和转向指示灯的方法和技术要求

（1）检查左、右转向信号灯和转向指示灯点亮

钥匙开关处于“ON”或发动机处于运转状态时，将汽车组合开关上的转向灯开关向后推到左转向位置，左转信号灯和指示灯正常闪烁（闪烁频率为 60～120 次/分）。转向开关回到中间位置左转信号灯和指示灯熄灭。再将汽车组合开关上的转向灯开关向前打到右转向位置，右转信号灯和指示灯正常闪烁（闪烁频率为 60～120 次/分）。转向开关回到中间位置右转信号灯和指示灯熄灭。

转向信号灯是在汽车起步、转向、变换车道、停止时向环境（如人、车辆）示意信号的灯具。其光色为黄色，以 50～120 次/分的频率闪烁，以引起前后车辆及行人的注意，一般在白天距离 100m 以内应能看清。在打开左或右转向信号灯时，仪表板上相同方向的转向信号指示灯也同时按同样的频率闪烁提示驾驶员，如图 2-5-5 所示。

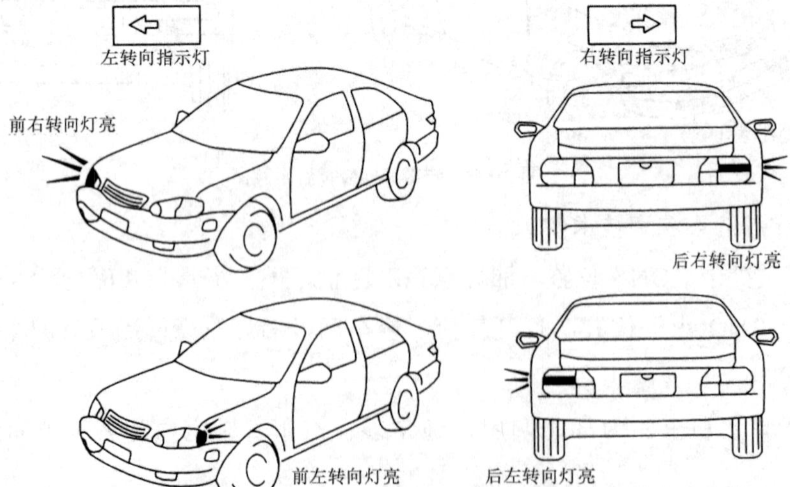

图 2-5-5 左、右前后转向灯安装位置示意图

（2）检查转向灯开关自回功能

钥匙开关处于“ON”或发动机处于运转状态时，将汽车组合开关上的转向灯开关向后推到左转向位置，左转信号灯和指示灯正常闪烁后，先逆时针（左转）方向转动方向盘约 90°，再把方向盘转到中间位置，此时转向开关应能自动回到中间位置。

钥匙开关处于“ON”或发动机处于运转状态时，将汽车组合开关上的转向灯开关向前推到右转向位置，右转信号灯和指示灯正常闪烁后，先顺时针（右转）方向转动方向盘约 90°，再把方向盘转到中间位置，此时转向开关应能自动回到中间位置。

转向灯开关操作示意图，如图 2-5-6 所示。

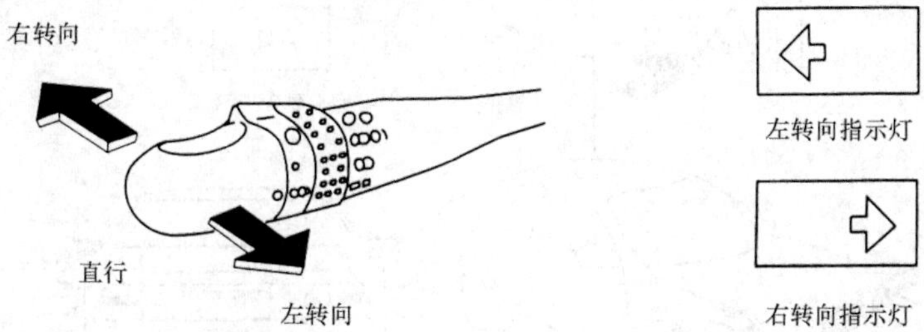

图 2-5-6 转向灯开关操作示意图

2．检查制动灯的方法和技术要求

钥匙开关无论是打开还是关闭状态，踩下制动踏板后，制动灯点亮，抬起制动踏板，制动灯熄灭。

制动灯也叫刹车灯，如图 2-5-7 所示。制动灯装在汽车尾部，是车辆重要的外在安全标志，以警告后面尾随的车辆或行人，保持安全距离。其光色为红色。正常情况下，制动灯亮时，车后相距 100m 处的其他车辆应看得很清楚。

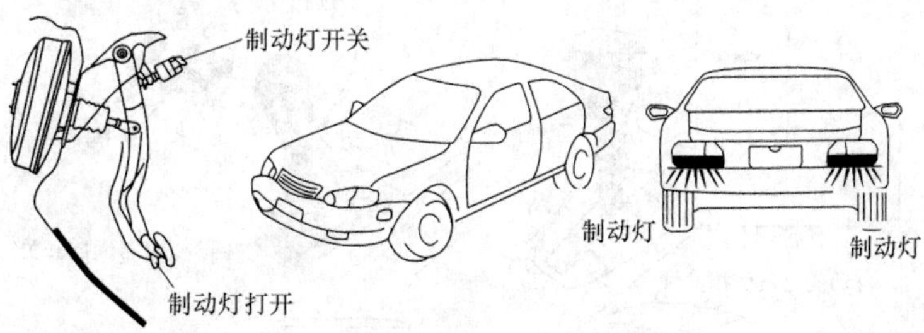

图 2-5-7 使用制动灯开关和制动灯安装位置示意图

3．检查危险警告灯和危险警告指示灯的方法和技术要求

钥匙开关无论打开还是关闭状态，按一次危险警告灯开关，车身前、后的左、右转向灯和指示灯同时闪烁（闪烁频率为 60～120 次/分），再按一次危险警告开关，危险警告灯和危险警告指示灯熄灭。

危险警告灯，如图 2-5-8 所示，是为了在遇到紧急情况时而设置的一种车灯，只有在特殊情况下使用。如车辆途中抛锚无法行驶，或送病人到医院急救等。危险警告灯打开时，车身前、后的左、右的转向灯以60～120次/分的频率闪烁。在打开危险警告灯时，仪表板上危险警告指示灯也同时按同样的频率闪烁提示驾驶员。

4．检查倒车灯的方法和技术要求

钥匙开关无论打开还是关闭状态，将选挡杆挂入倒挡后，倒车灯发亮。选挡杆退出倒挡后，倒车灯熄灭。

倒车灯是用于汽车倒车时，警告其他车辆的驾驶员和行人注意。

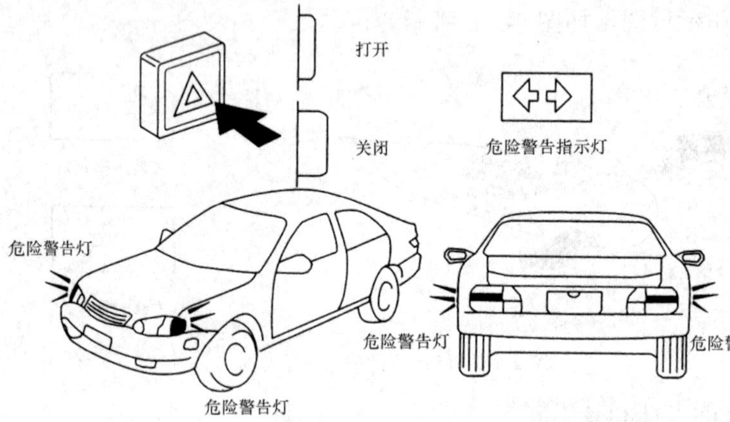

图2-5-8 危险警告开关和危险警告灯安装位置示意图

倒车灯安装在汽车后面，照射光线的主轴向下，可以照亮车后1.5m以内的道路。倒车灯光色为白色，由变速器控制，在变速器处于倒挡位置时点亮，如图2-5-9所示，并同时发出警报音响，以警示车后的行人及来车。

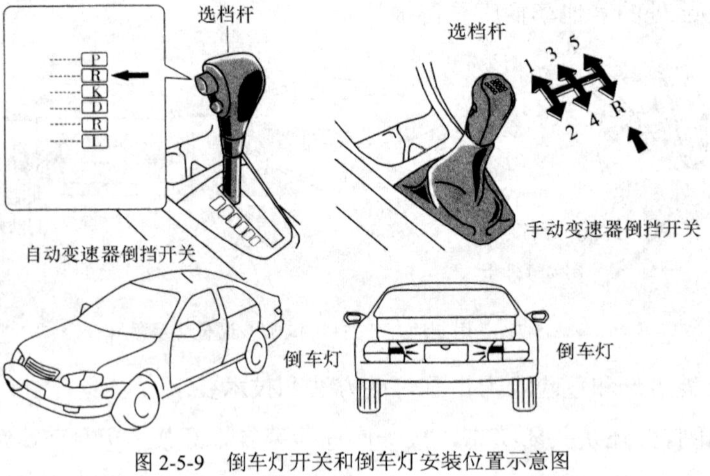

图2-5-9 倒车灯开关和倒车灯安装位置示意图

（三）检查汽车警告灯的方法和技术要求

当汽车系统内存在故障和需要进行补足或更换，仪表板上的警告灯就变亮或闪烁，以便帮助驾驶员安全驾驶。灯的颜色根据紧急或重要的程度分为红色或黄色。警告灯图案详见图 2-5-10 和图 2-5-11。

图案	名称	图案	名称
	制动系统警告灯		ABS警告灯
	座椅安全带扣提示灯		SRS警告灯
	放电系统指示灯		车门打开警告灯
	机油低压警告灯		转向信号指示灯
	故障指示灯		大灯远光指示灯
	燃油位指示灯		前雾灯指示灯
	冷却液低温指示灯(蓝色)		后雾灯指示灯
	冷却液高温指示灯(红色)	PRN D2L	自动变速器指示灯

图 2-5-10 各种警告灯图案示意图

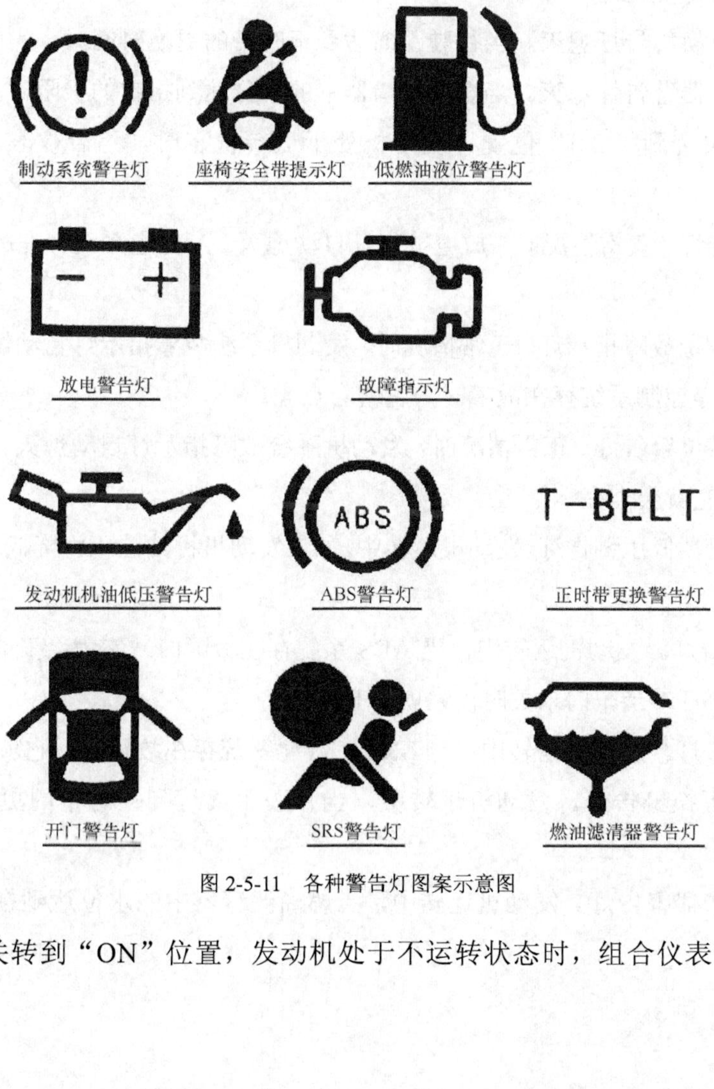

图 2-5-11 各种警告灯图案示意图

1. 钥匙开关转到“ON”位置，发动机处于不运转状态时，组合仪表上各警告灯点亮情况

① 制动系统警告灯。若驻车制动杆被拉起时，它就会点亮；当制动液液位降低时，它就会点亮。松开驻车制动杆时，它就会熄灭。

② 座椅安全带提示灯。若座椅安全带没有系时，它就会点亮。若座椅安全带已经系上时，它就会熄灭。

③ 放电警告灯点亮。

④ 故障指示灯点亮。

⑤ 低燃油液位警告灯点亮。

⑥ 发动机机油低压警告灯点亮。

⑦ ABS 警告灯点亮。

⑧ 开门警告灯。若任何一扇车门未关闭时，它就会亮。若所有车门关闭时，它就会熄灭。

⑨ SRS 警告灯点亮。

⑩ 正时带更换警告灯熄灭。当行驶距离达到正时带的更换时间时，它就会亮。

⑪ 燃油滤清器警告灯熄灭。当燃油滤清器中的水位达到指定的极限时，它就会亮。

2．钥匙开关转到“ON”位置，发动机处于运转状态时，组合仪表上各警告灯点亮情况

① 放电警告灯。正常情况时，放电警告灯自动熄灭。当充电系统存在故障不充电时，它就会点亮。

② 发动机系统故障指示灯。正常情况时，发动机系统故障指示灯自动熄灭。当发动机控制系统或变速器等控制系统存在故障时，它就会点亮。

③ 低燃油液位警告灯。正常情况时，发动机系统故障指示灯自动熄灭。当燃油箱中的燃油接近用完时，它就会点亮。

④ 发动机机油低压警告灯。发动机运转中，如果发动机机油的压力降低（机油液位降低），它就会变亮。

⑤ ABS 警告灯。发动机运转中，当 ABS 系统存在故障时，它就会变亮。

⑥ 开门警告灯。当车门未关时，它就会亮。

⑦ SRS 警告灯。发动机运转中，当 SRS 空气囊系统存在故障时，它就会变亮或闪烁。

⑧ 正时带更换警告灯。发动机运转中，当行驶距离达到正时带的更换时间时，它就会变亮。

⑨ 燃油滤清器警告灯。发动机运转中，当燃油滤清器中的水位达到指定的极限时，它就会变亮。

表 2-5-1　检查车灯的工作表

维护项目作业顺序及项目作业技术要求

检查车灯的工作

序号	检测部位	检测项目	技术要求	备　注
1	车灯	检查示宽灯、牌照灯尾灯和仪表灯	车灯开关打开后，示宽灯、牌照灯、尾灯和仪表灯应正常发亮。	
		检查前照灯（近光）	车灯开关打开后，前照灯（近光）应正常发亮。	
		检查前照灯（远光）和远光指示灯	变光器开关向下打开后，前照灯（远光）和远光指示灯应正常发亮。	
		检查前照灯闪光开关和指示灯	变光器开关向上移动至最上端位置时，前照灯闪光器和指示灯正常发亮或闪烁。	
		检查转向信号灯和指示灯	将转向灯开关向上或向下移动，右转信号灯和指示灯或左转信号灯和指示灯正常闪烁。	闪烁频率 60～120 次/分
		检查危险警告灯和指示灯	打开危险警告和指示灯开关后，危险警告和指示灯发亮。	
		检查制动灯	踩下制动踏板后，制动灯发亮。	
		检查倒车灯	点火开关处于“ON”位置时，选挡杆挂入倒挡后，倒车灯正常发亮。	
		检查转向开关自动返回功能	转向灯开关应能自动置于中间位置。	
		检查顶厢灯点亮	厢灯开关在“ON”位置时，顶灯全时间内，保持发亮。 厢灯开关在“OFF”位置时，厢灯熄灭。厢灯开关在“DOOR”位置时，打开任何一扇车门，厢灯发亮；当所有的车门都关闭后，厢灯熄灭。	
		检查组合仪表警告灯（点亮和熄灭）	将点火开关转到“ON”位置时，制动系统警告灯（驻车制动杆拉起）、座椅安全带提示灯、放电警告灯、故障指示灯、低燃油液位警告灯、发动机机油低压警告灯、ABS 警告灯、开门警告灯（任何车门打开）、SRS 警告灯应点亮。正时带更换警告灯、燃油滤清器警告灯应熄灭。 发动机启动后，放电警告灯、故障指示灯、低燃油液位警告灯、发动机机油低压警告灯、ABS 警告灯、SRS 警告灯、正时带更换警告灯、燃油滤清器警告灯熄灭。	

项目单元六 方向盘、喇叭的检查

学习目标

1. 知识要点：

① 了解检查方向盘和喇叭的作用

② 了解检查方向盘和喇叭的工作内容和技术要求

2. 技能要点：

掌握检查方向盘和喇叭的方法和技术要求

一、检查方向盘和喇叭的作用

① 方向盘是转向操纵系统的重要部件之一，汽车的转向是由驾驶员操纵方向盘，通过转向器和一系列的杆件传递到转向车轮而实现的。因此，汽车转向系统的零件都称为保安件。我国机动车运行安全技术条件规定汽车方向盘应转动灵活，操纵方便，无阻滞现象。如果方向盘的自由行程过大或有松动和摆动，会造成转向不灵敏，影响汽车的行驶安全。须做日常维护和定期维护。

② 汽车喇叭是车辆安全设备，作用是向环境（如人、车辆）发出警告、示意信号。警告其他车辆的驾驶员和行人注意。我国机动车运行安全技术条件规定汽车喇叭应设置具有连续发声功能的喇叭，其工作应可靠。如果喇叭有故障，将造成开车不方便。须做日常维护和定期维护。

二、检查方向盘和喇叭的工作内容

1. 检查方向盘

①自由行程；②松动和摆动；③方向盘锁定功能。

2. 检查喇叭

①是否发声；②检查音量和音调是否稳定。

三、检查方向盘

1. 检查方向盘自由行程

如图 2-6-1 所示，在配备动力转向系统的车辆上，启动发动机，使车辆笔直向前。轻轻移动方向盘，在车轮就要开始移动时，使用一把直尺测量方向盘的移动量，这个移动量就是方向盘的自由行程。

2．检查方向盘松动和摆动

方向盘自由行程及松动和摆动检查示意图，如图 2-6-1 所示。用两手握住方向盘。轴向地、垂直地或者向两侧移动方向盘，确保其没有松动或者摆动。

3．检查方向盘锁定功能

将点火开关转动到 ACC，保持方向盘不锁定和可自由移动；取出点火开关钥匙后，方向盘被锁定。

四、检查喇叭

① 是否发声。

② 检查音量和音调是否稳定，如图 2-6-2 所示。

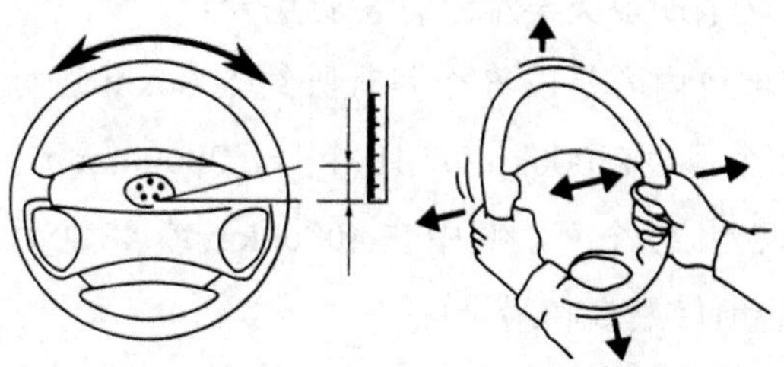

自由行程检查　　松动和摆动检查

图 2-6-1　方向盘自由行程及松动和摆动检查示意图

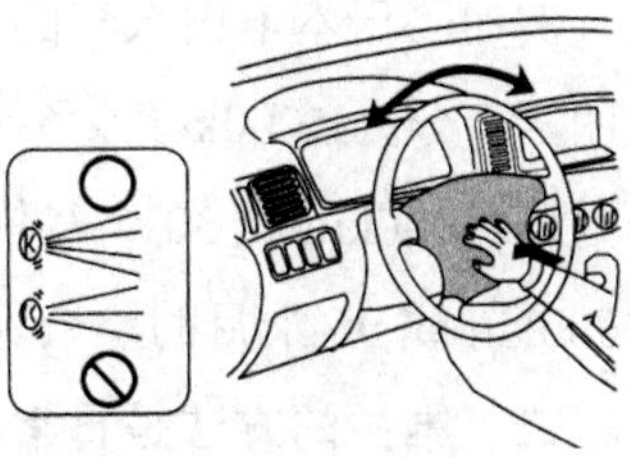

图 2-6-2　喇叭检查示意图

表 2–6–1　　检查方向盘和喇叭的工作表

维护项目作业顺序及项目作业技术要求				
检查方向盘和喇叭				
序号	检测部位	检测项目	技术要求	备　注
1	方向盘	测量自由行程	符合《机动车运行安全技术条件》规定，机动车方向盘的最大自由转动量从中间位置向左或向右转角符合以下规定： ① 最大设计车速大于或等于 100km/h 的机动车不大于 10°； ② 最大设计车速小于 100km/h 的机动车不大于 15°	
		检查松动和摆动	符合《机动车运行安全技术条件》规定，应转动灵活，操纵方便，无阻滞现象且不松动和摆动	
		检查方向盘锁定功能	符合规定点火开关转动到 ACC，方向盘不锁定和可自由移动	
2	喇叭	检查发声	符合规定连续发声、工作应可靠	
		检查音量和音调	符合规定音量和音调正常	

项目三 3 定期维护项目之车身检查

一、定期检查保养的方式（以丰田汽车为例）

丰田指定的检查保养项目和检查时间，是以6个月行驶约5000km标准的轿车（私家车）为对象进行设定的。行驶条件明显不同时，应比这个期限更早地进行检查保养。

例如，日本丰田汽车的维护周期以及维护的项目内容是以6个月行驶约5000km进行设定的，可分为5000km或6个月、10000km或12个月、15000km或18个月、20000km或24个月、25000km或30个月依此类推到100000km或120个月。其中在40000km或48个月和80000km或96个月的检查保养周期，检查保养的项目最多和最全面。

二、维护的方法是日常维护加定期维护

目前在我国大部分汽车的各级维护项目和周期是根据该汽车的汽车制造厂《汽车使用说明书》规定的行驶里程或间隔时间，按期强制执行。例如日本丰田汽车的维护周期以及维护的项目内容是以6个月约行驶5000km进行设定的，可分为5000km或6个月、10000km或12个月、15000km或18个月、20000km或24个月、25000km或30个月依此类推到100000km或120个月。其中在40000km或48个月和80000km或96个月的检查保养周期的检查保养的项目最多。

三、提高汽车维护检查工作效率

在进行汽车外部检查时，将汽车停放在地面，如图3-1所示。检查人员可以按图3-2所示绕车身一圈。从左前门开始检查，再到左后门、后部、备胎、油箱盖、右后车门、右前门、前部。这可以缩短行程距离，减少走动次数，减少不合理的工作地点，将尽可能多的工作集中在同一地点，并一次做完。

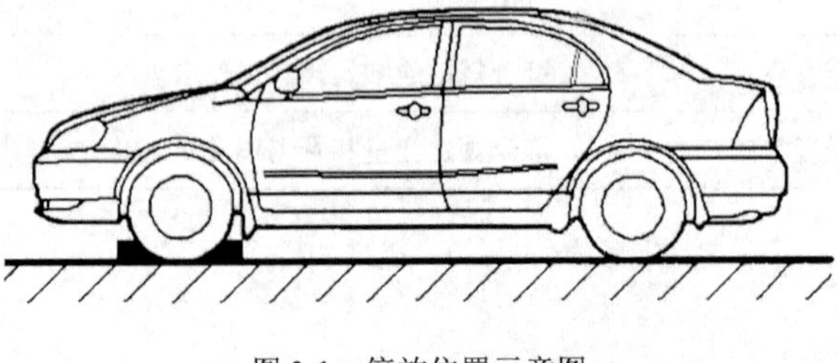

图3-1　停放位置示意图

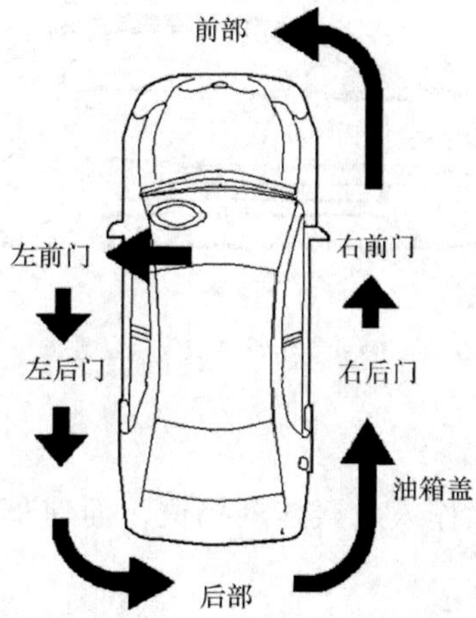

图 3-2 汽车外部检查工作流程示意图

项目单元一 汽车车身检查预检工作

学习目标

1．知识要点：

了解汽车维护前的预检工作内容

2．技能要点：

掌握汽车维护前的预检工作方法

一、汽车维护前的预检工作

汽车维护前的预检工作是日常维护的准备工作。

二、汽车维护前的预检工作内容

1．车轮挡块

2．驻车制动

3．驾驶室内的准备工作

三、汽车维护前的预检工作方法

1．车轮挡块

车轮挡块安装在前左车轮前后，主要是防止车辆在没有启动时，就自由移动，或防止驾驶员不小心在挂挡时，启动发动机，而使车辆前冲，如图 3-1-1 图所示。

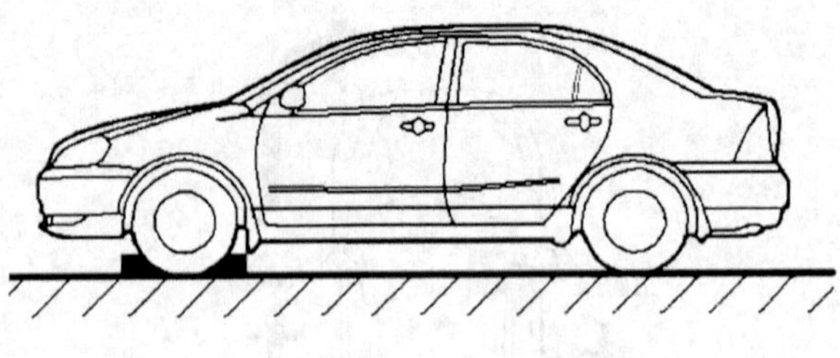

图 3-1-1　车轮挡块安装示意图

2．驻车制动

拉起驻车制动杆可以防止操作人员误挂入挡位，而使车辆向前冲；或是车辆在有坡度的地方驻车时，稳住车辆。

3．驾驶室内的准备工作

拉起发动机舱盖、油箱盖及行李箱盖释放杆，并安装好座椅套、方向盘套及地板垫，甚至应该安装手刹杆套与挂挡杆套等，如图 3-1-2 所示。

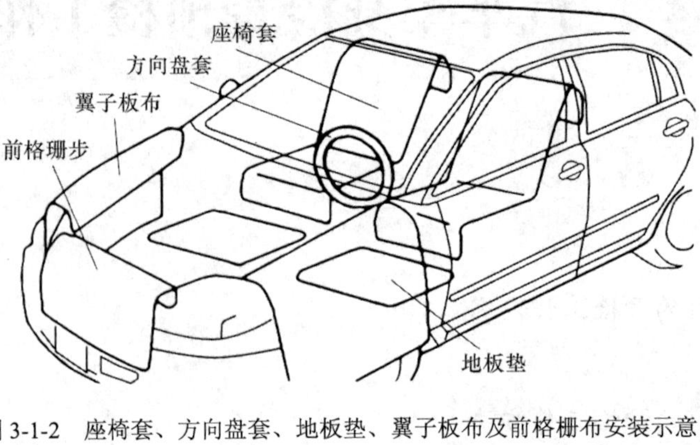

图 3-1-2　座椅套、方向盘套、地板垫、翼子板布及前格栅布安装示意图

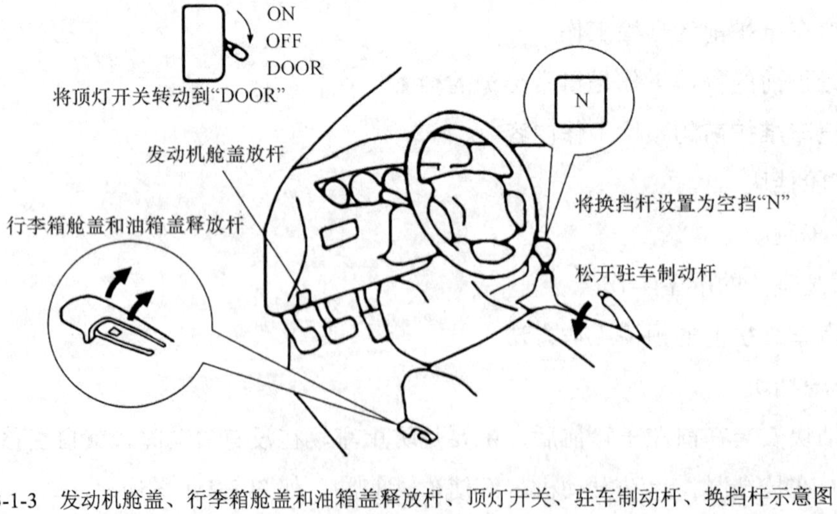

图 3-1-3　发动机舱盖、行李箱舱盖和油箱盖释放杆、顶灯开关、驻车制动杆、换挡杆示意图

表 3-1-1　　汽车维护前的预检工作表

维护项目作业顺序及项目作业技术要求				
汽车维护前的预检工作				
序号	检测部位	检测项目	技术要求	备　注
1	驾驶员座椅	拉起驻车制动杆	拉满行程使车辆被可靠制动	
		拉起发动机舱盖释放杆	发动机舱盖被释放	
		拉起油箱盖释放杆	油箱盖被释放	
		拉起行李箱舱盖释放杆	行李箱舱盖被释放	
		将顶灯开关转动至"DOOR"位置	顶灯开关转动至"DOOR"位置	
2	车辆前部	打开发动机舱盖	将支撑杆插入槽中使发动机舱盖保持在打开状态	
		安装翼子板布	准确安装翼子板布	
		安装前格栅布	准确安装前格栅布	
		安装车轮挡块	可靠安装车轮挡块	

项目单元二　发动机舱内各种液位检查

学习目标

1．知识要点：

① 了解发动机舱内各种液位检查的作用

② 了解发动机舱内各种液位检查的工作内容和技术要求

2．技能要点：

掌握发动机舱内各种液位的检查方法和技术要求

一、发动机舱内各种液位检查的作用

在汽车维护的整个过程中，有些项目在维护保养时是需要启动发动机和在发动机运转状态下进行的，而各种液类如发动机机油、冷却液等是启动发动机和发动机运转所必需的。因此，必须检查各种油液液位情况。发动机舱内各种油液液位检查，如图 3-2-1 所示。

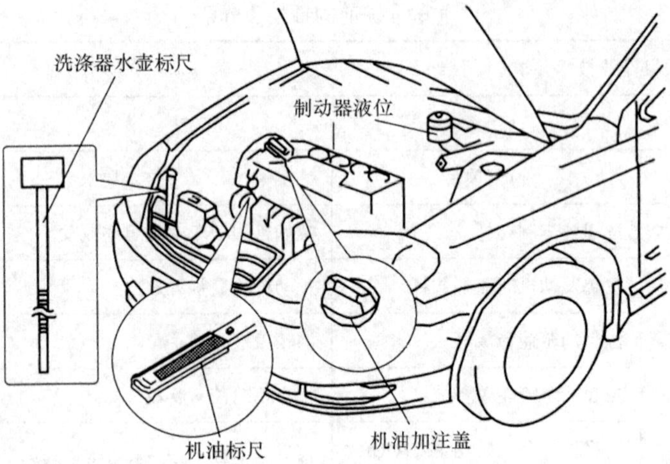

图 3-2-1　发动机舱内各种油液液位检查示意图

二、发动机舱内各种液位检查的工作内容

1．发动机冷却液液位检查

2．发动机机油液位检查

3．制动液液位检查

4．喷洗器液位检查

5．蓄电池电解液液位检查

三、检查发动机冷却液液位

1．发动机冷却液的作用

发动机冷却系统使发动机的工作温度保持恒定。发动机在工作时，冷却液会有微量的损失，时间长了形成冷却液的液位下降。若冷却液不足，会导致发动机过热，损害发动机。须做日常检查和定期检查。

2．发动机冷却液液位检查的方法

发动机冷却液液位的正常情况是冷却液的液位在补偿水箱（储液罐）标尺上的最高与最低刻度之间，如图 3-2-2 所示。冷却液太多，有可能在发动机水温高时溢出。冷却液太少，如果冷却液的水平降到最低点以下，说明发动机缺水，发动机会升温。

检查时，确认散热器补偿水箱内冷却液的高度应在补偿水箱（储液罐）标尺上的最高点与最低点之间。

四、发动机机油液位检查

1．发动机机油液位检查的作用

发动机的润滑系统的功用就是在发动机工作时连续不断地把数量足够、温度适当的洁净机油以压力润滑方式和飞溅润滑方式送到运动件的摩擦表面，并在摩擦表面之间形成油膜，实现液体摩擦。从而减小摩擦阻力、降低功率消耗、减轻机件磨损，以达到提高发动机工作可靠性和耐久性的目的。如果发动机机油不足，有可能造成发动机损坏。须做日常检查和定期检查。

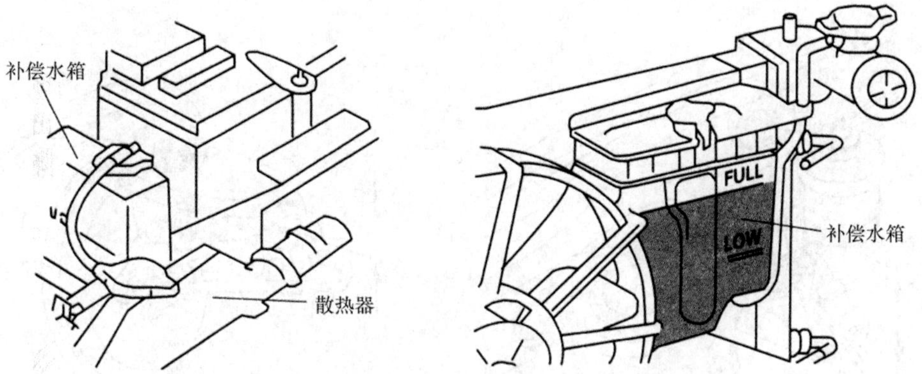

图 3-2-2　发动机冷却液液位检查示意图

2．发动机机油液位检查的方法和技术要求

检查时，查看发动机机油液位是否在油标尺正常的范围内，如图 3-2-3 所示。

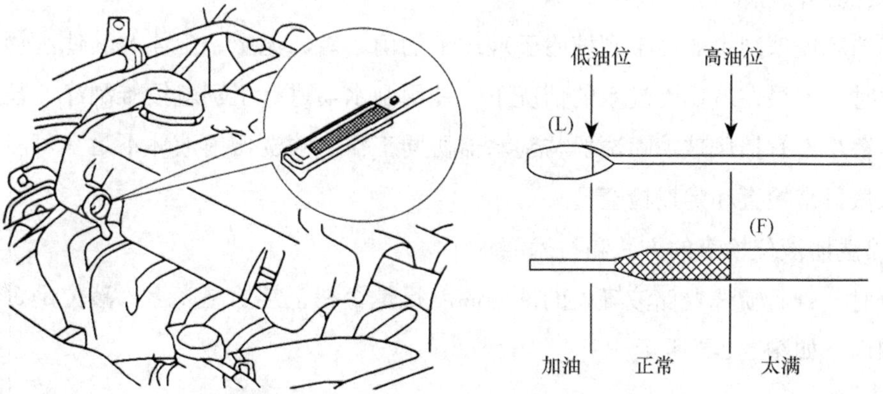

图 3-2-3　发动机机油液位检查示意图

五、检查制动液液位检查

1．制动液液位检查的作用

汽车制动液是由基础油或基础液以及各种添加剂组成，是用于汽车液压制动系统中传递压力，使车轮制动器实现制动作用的一种功能性液体。汽车制动液的质量状况和数量直接关系到车辆的行驶安全。制动液液位过高，会使制动液溢出，制动液对于车身油漆或底盘有很大的腐蚀性。制动液液位过低会导致制动踏板下降，制动失效，须做日常检查和定期检查。

2．制动液液位检查的方法和技术要求

制动液盛放在制动总泵上方的储液罐内，正常的制动液液位应在储液罐外部标记位置的最高 MAX 与最低 MIN 之间，如图 3-2-4 所示。

检查时，查看储液罐内液面高度与储液罐液面标记是否平齐，如图 3-2-4 所示。

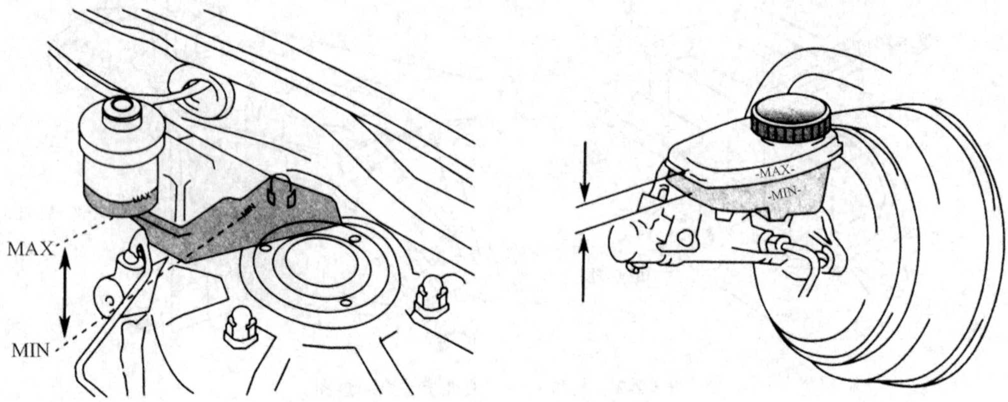

图 3-2-4　制动液液位检查示意图

六、喷洗器液位检查

1．喷洗器液位检查的作用

汽车挡风玻璃刮水器用于刮掉附于玻璃上的雨、雪、泥土、尘埃及其他污物。但在刮泥土、尘埃时，如果在玻璃上没水的情况下，使用刮水器进行干刮就很难刮净，甚至会划伤玻璃。现代轿车设有挡风玻璃喷洗器与刮水器协同工作。喷洗器内液体不足有可能影响驾驶员视野。须做日常检查和定期检查。

2．喷洗器液位检查的方法和技术要求

检查时，查看喷洗器储液罐内的液面高度尺是否在正常的高度上，液位是否在高度尺正常的范围内，如图 3-2-5 所示。

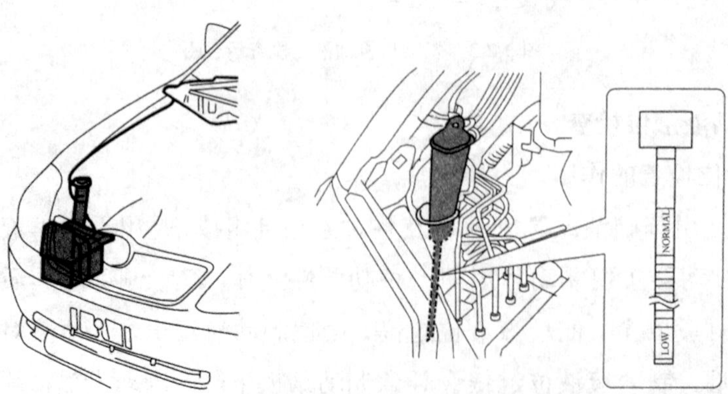

图 3-2-5　洗涤器（喷洗器）液位检查示意图

七、检查蓄电池电解液液位检查

1．蓄电池电解液液位检查的作用

铅酸蓄电池电解液是由相对密度为1.84的化学纯净硫酸和蒸馏水按一定的比例配制而成的。蓄电池电解液在充、放电过程中，会发生减液现象，时间长了，电解液液位会下降。电解液不足会造成蓄电池的损坏。须做日常检查和定期检查。

2．蓄电池电解液液位检查的方法和技术要求

蓄电池电解液被盛在蓄电池壳体内，正常的电解液液位应在蓄电池壳体外部标记位置最高和最低刻度之间，如图3-2-6所示。电解液太多会溢出，电解液太少会造成蓄电池的损坏。

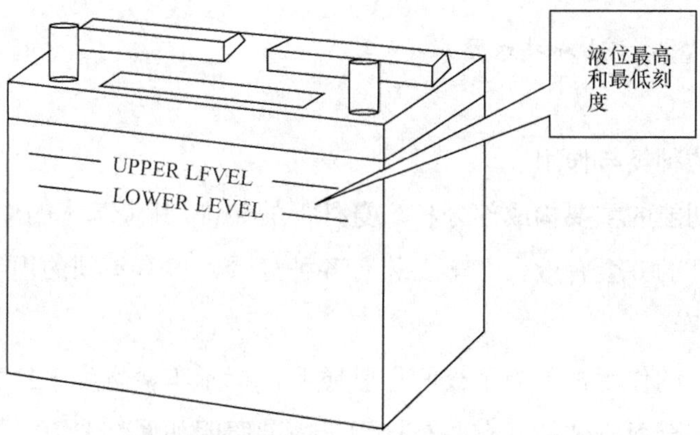

图3-2-6 蓄电池电解液液位检查示意图

检查时，查看电解液位是否在蓄电池壳体外部标记位置最高和最低刻度之间，如果液位低于最低刻度，须补充加入蒸馏水。

表3–2–1 发动机舱内各种液位检查工作表

维护项目作业顺序及项目作业技术要求				
发动机舱内各种油液位检查项目				
序号	检测部位	检测项目	技术要求	备　注
1	发动机舱	检查发动机冷却液液位	发动机冷却液液位符合规定应保持在补偿水箱（储液罐）标尺上位置的最高与最低之间	
		检查发动机机油液面	发动机机油液位符合规定应保持在标尺上的位置在最高与最低之间	
		检查制动液液位	制动液液位符合规定应保持在储液罐外部标记位置的最高（MAX）与最低（MIN）之间	
		检查喷洗器液位	喷洗器液应注满	
		检查蓄电池电解液液位	电解液液位应保持在蓄电池壳体外部标记位置最高和最低刻度之间	

项目单元三 车灯的检查

学习目标

1．知识要点：

① 了解车灯检查的意义

② 了解车灯检查的工作内容和技术要求

2．技能要点：

掌握车灯检查的方法和技术要求

一、汽车车灯的种类与作用

车灯作为汽车功能的重要构成部分和车身外形的装饰，其最基本的作用是保证行车安全。因此，必须保证车灯的齐全有效。汽车上装有各种灯具，各有不同的用途。

1．汽车照明系车

汽车照明系车灯的作用都是为了夜间行驶照明，标示车辆宽度、仪表等，使驾驶员了解周围环境以及确保安全而安装的。有些车灯用于内部照明如厢灯。

2．汽车信号系车灯

汽车信号系车灯的作用是向环境（如人、车辆）发出警告、示意信号（如转向信号灯、制动灯信号）和报警等。

3．警告灯

警告灯的作用是当系统存在故障，需要进行补足或更换，该灯就变亮或闪烁，以便帮助驾驶员安全驾驶。灯的颜色根据紧急或重要的程度不同分为红色或黄色。

二、车灯检查的工作内容

1．汽车照明系车灯

①示宽灯；②牌照灯；③尾灯；④仪表灯；⑤前照灯（近光灯）；⑥前照灯（远光灯）和远光指示灯；⑦前照灯闪光器和指示灯；⑧防雾灯和指示灯；⑨厢灯等。

2．汽车信号系车灯

①左、右转向信号灯和转向指示灯；②制动灯；③危险警告灯和指示灯；④倒车灯；⑤危险警告灯和指示灯。

3．警告灯

①制动系统警告灯；②座椅安全带扣提示灯；③充电系统警告灯；④低机油压警告灯；

⑤故障指示灯；⑥燃油液位指示灯；⑦发动机冷却液温度指示灯；⑧ABS 警告灯；⑨SES 警告灯；⑩车门打开警告灯；⑪自动变速器挡位指示灯等。

三、车灯检查的方法和技术要求

（一）汽车照明系车灯检查的方法和技术要求

1．示宽灯、尾灯和仪表灯检查的方法和技术要求

点火开关处于“ON”或发动机处于运转状态时，将汽车组合开关上的灯光控制开关旋动一挡后，示宽灯、尾灯和仪表灯应发亮。

① 示宽灯。俗称“小灯”是标示车辆宽度和长度的车灯，便于夜间安全会车。示宽灯的灯光强度应在夜间距离 100m 以外能看清楚。

② 尾灯。用在夜间行车时，使后面车辆及行人知道该车的存在，以便保持车距。一般安装在汽车牌照上方，兼作牌照灯。灯光为红色，其亮度标准为：在夜间距车 300m 以外应能看清。

③ 仪表灯。仪表灯用于夜间照明汽车上的仪表，使驾驶员能看清各仪表上的指示值。装在驾驶室内的仪表板上，一般为 2～5 只不等。

示宽灯、尾灯（牌照灯）安装位置示意图，如图 3-3-1 所示。

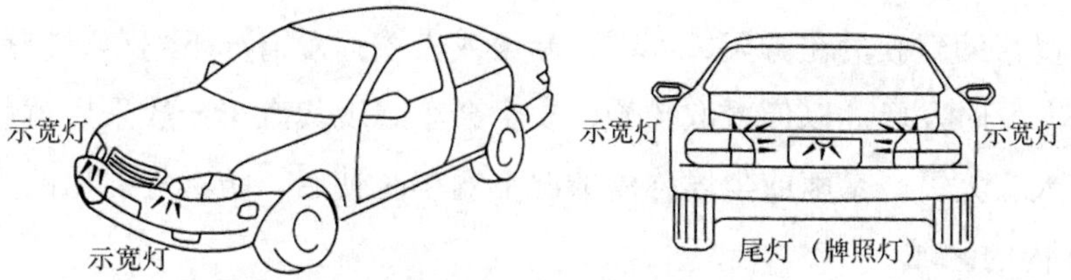

图 3-3-1 示宽灯、尾灯（牌照灯）安装位置示意图

2．前照灯检查的方法和技术要求

（1）检查前照灯点亮

点火开关处于“ON”或发动机处于运转状态时，将汽车组合开关上的灯光控制开关旋动两挡后，前照灯应发亮。若变光器开关处于中间位置，为近光灯打开；变光器开关处于下端位置，为远光灯打开，同时仪表板上远光指示灯点亮。

（2）检查前照灯远光灯和近光灯切换工作情况。

在前照灯处于近光或远光状态时，将变光器开关往下或向上推，检查前照灯远光灯和近光切换工作情况。

（3）检查前照灯闪光器和指示灯工作情况

在前照灯处于关闭状态时，将变光器开关向上推到最上端位置，前照灯闪光器打开，前照灯和指示灯应正常亮或闪。松开变光器开关后，变光器开关应自动落下关闭前照灯和指示

灯。前照灯闪光器和指示灯用于超车提示。

前照灯用于夜间行车照明道路，其灯光为白色，分近光和远光，可以通过变光开关切换近光灯和远光灯。远光打开时保证汽车前方 150m 以内的路面上有明亮而均匀的照明。同时远光灯打开时仪表板上的远光指示灯也会点亮，示意远光灯处于打开状态，如图 3-3-2 所示。

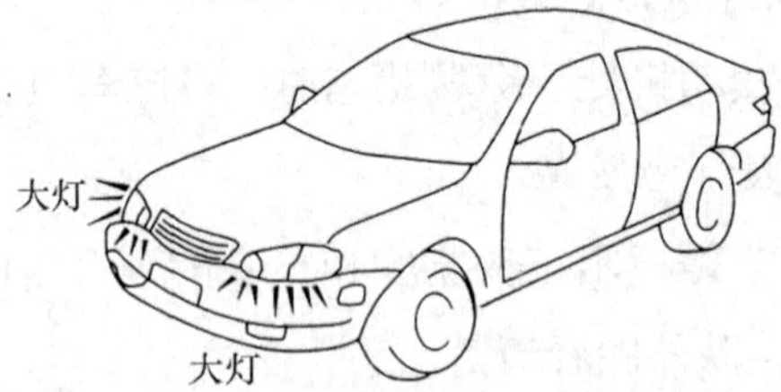

图 3-3-2　前照灯安装位置示意图

3．防雾灯和雾灯指示灯检查的方法和技术要求

① 点火开关处于“ON”或发动机处于运转状态时，将汽车组合开关上的灯光控制开关旋动一挡，再将雾灯开关旋动一挡，检查前雾灯和前雾灯指示灯是否点亮。

② 再将雾灯开关旋动两挡，检查后雾灯和后雾灯指示灯是否发亮。

③ 雾灯开关回到“OFF”位置，雾灯和雾灯指示灯熄灭。

防雾灯可以帮助驾驶员在雾天、大雪、暴雨或尘埃弥漫情况下驾车时提高能见度，并能保证使对面来车及时发现，以便采取措施，安全会车。现代汽车一般采用黄色配光或黄色灯泡。通常在雾天、大雪、暴雨或尘埃弥漫情况下驾车时使用，防雾灯射出的光线倾斜度大，能照明前 30m 内的区域。

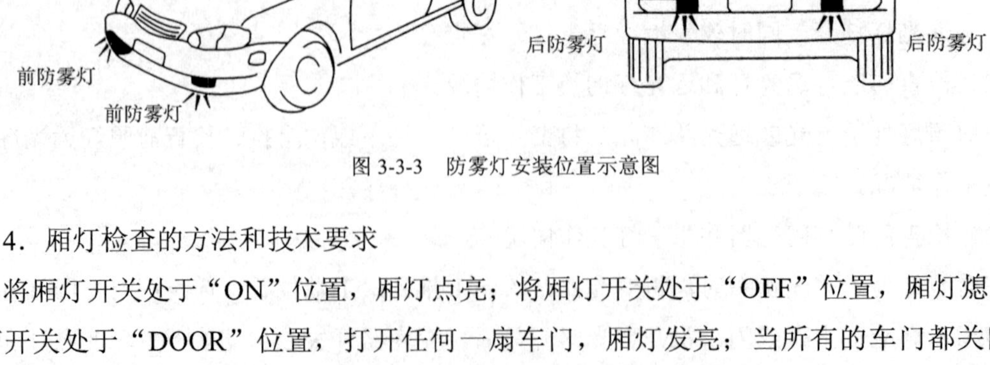

图 3-3-3　防雾灯安装位置示意图

4．厢灯检查的方法和技术要求

将厢灯开关处于“ON”位置，厢灯点亮；将厢灯开关处于“OFF”位置，厢灯熄灭；将厢灯开关处于“DOOR”位置，打开任何一扇车门，厢灯发亮；当所有的车门都关闭后，

厢灯延时熄灭。

厢灯供驾驶室和车厢内部照明用，通常装在汽车驾驶室内和客车车厢的顶部，功率一般为 5W。

厢灯开关如图 3-3-4 所示。

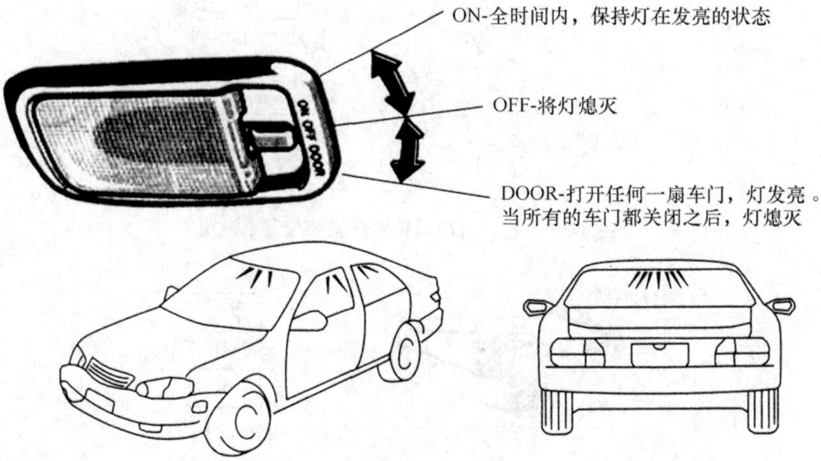

图 3-3-4 汽车厢灯开关和厢灯安装位置示意图

（二）汽车信号系车灯检查的方法和技术要求

1．左、右转向信号灯和转向指示灯检查的方法和技术要求

（1）检查左、右转向信号灯和转向指示灯点亮

钥匙开关处于“ON”或发动机处于运转状态时，将汽车组合开关上的转向灯开关向后推到左转向位置，左转信号灯和指示灯正常闪烁（闪烁频率为 60～120 次/分）。回到中间位置左转信号灯和指示灯熄灭。再将汽车组合开关上的转向灯开关向前打到右转向位置，右转信号灯和指示灯正常闪烁（闪烁频率为 60～120 次/分）。回到中间位置右转信号灯和指示灯熄灭。

转向信号灯是在汽车起步、转向、变换车道、停止时向环境（如人、车辆）示意信号的灯具。其光色为黄色，以 50～120 次/分的频率闪烁，以引起前后车辆及行人的注意，一般在白天距离 100m 以内应能看清。在打开左或右转向信号灯时，仪表板上相同方向的转向信号指示灯也同时按同样的频率闪烁提示驾驶员。

（2）检查转向灯开关自回功能

钥匙开关处于“ON”或发动机处于运转状态时，将汽车组合开关上的转向灯开关向后推到左转向位置，左转信号灯和指示灯正常闪烁后，先逆时针（左转）方向转动方向盘约 90°，再把方向盘转到中间位置，此时转向开关应能自动回到中间位置。

钥匙开关处于“ON”或发动机处于运转状态时，将汽车组合开关上的转向灯开关向前推到右转向位置，右转信号灯和指示灯正常闪烁后，先顺时针（右转）方向转动方向盘约 90°，再把方向盘转到中间位置，此时转向开关应能自动回到中间位置。

转向灯开关操作示意图，如图 3-3-6 所示。

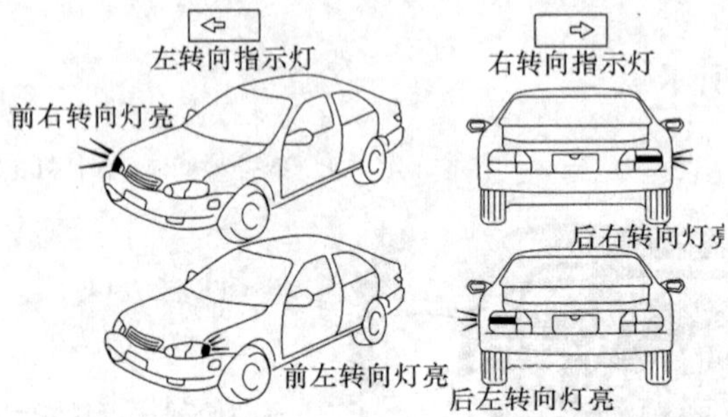

图 3-3-5　左、右前后转向灯安装位置示意图

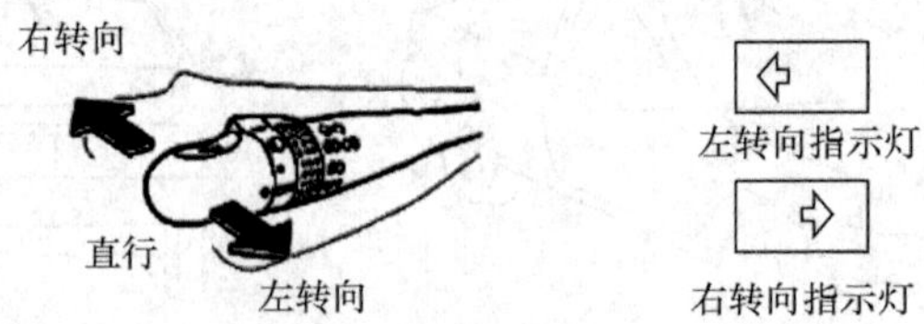

图 3-3-6　转向灯开关操作示意图

2．制动灯检查的方法和技术要求

钥匙开关无论是打开还是关闭状态，踩下制动踏板后，制动灯点亮，抬起制动踏板，制动灯熄灭。

制动灯也叫刹车灯，如图 3-3-7 所示。制动灯装在汽车尾部，是车辆重要的外在安全标志，以警告后面车辆尾随的车辆或行人，保持安全距离。其光色为红色。正常情况下，制动灯亮时，车后相距 100m 处的其他车辆应看得很清楚。

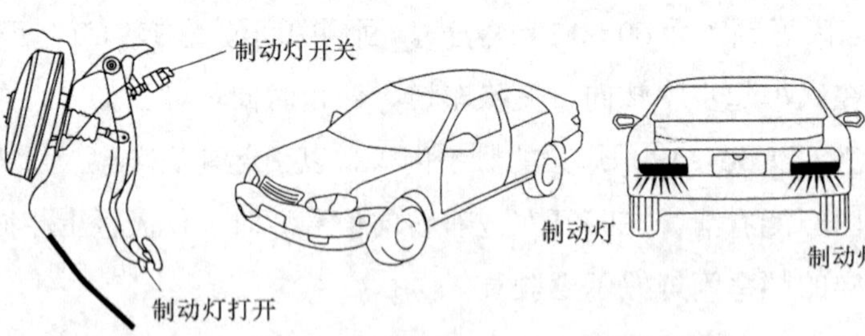

图 3-3-7　使用制动灯开关和制动灯安装位置示意图

3．危险警告灯和危险警告指示灯检查的方法和技术要求

钥匙开关无论打开还是关闭状态，按一次危险警告灯开关，车身前、后的左、右转向灯和指示灯闪烁（闪烁频率为 60～120 次/分），再按一次危险警告开关，危险警告灯和危险警告指示灯灯熄灭。

危险警告灯，如图 3-3-8 所示，是为了在遇到紧急情况时而设置的一种车灯，只有在特殊情况下使用。如车辆途中抛锚无法行驶，或送病人到医院急救等。危险警告灯打开时，车身前、后的左、右的转向灯以 60～120 次/分的频率闪烁。在打开危险警告灯时，仪表板上危险警告指示灯也同时按同样的频率闪烁提示驾驶员。

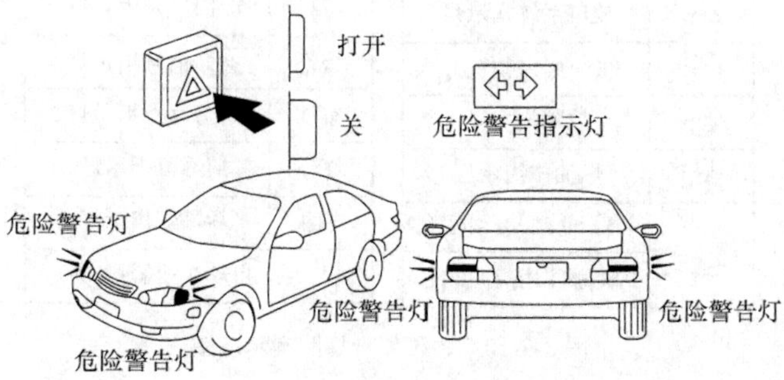

图 3-3-8　危险警告开关和危险警告灯安装位置示意图

4．倒车灯检查的方法和技术要求

钥匙开关无论打开还是关闭状态，将选挡杆挂入倒挡后，倒车灯发亮。选挡杆退出倒挡后，倒车灯熄灭。

倒车灯是用于汽车倒车时，警告其他车辆的驾驶员和行人注意。

倒车灯安装在汽车后面，照射光线的主轴向下，可以照清车后 1.5m 以内的道路。倒车灯光色为白色，由变速器控制，在变速器处于倒挡位置时点亮，如图 3-3-9 所示，并同时发出警报音响，以示车警后的行人及来车。

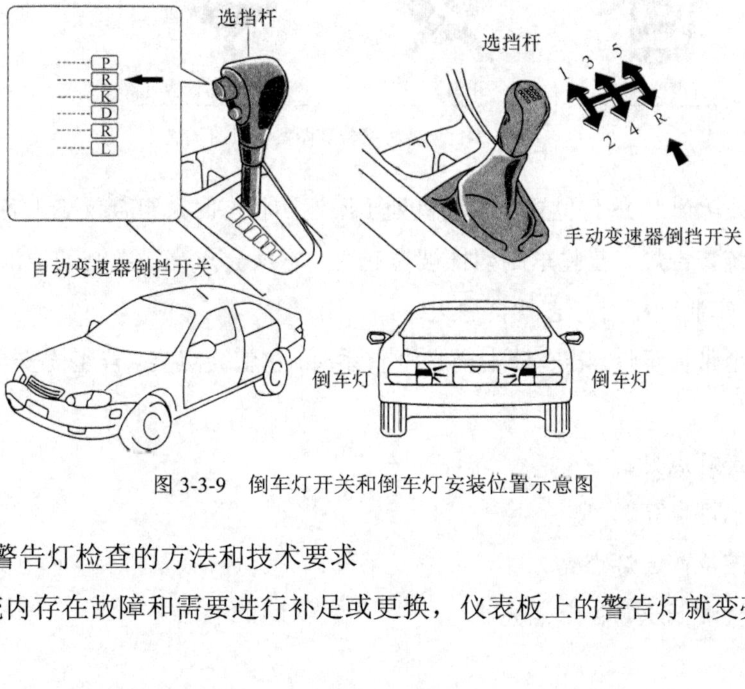

图 3-3-9　倒车灯开关和倒车灯安装位置示意图

（三）汽车警告灯检查的方法和技术要求

当汽车系统内存在故障和需要进行补足或更换，仪表板上的警告灯就变亮或闪烁，以便帮助驾驶员安全驾驶。灯的颜色根据紧急或重要的程度分为红色或黄色。警告灯图案如图3-3-10和图3-3-11所示。

图3-3-10　各种警告灯图案示意图

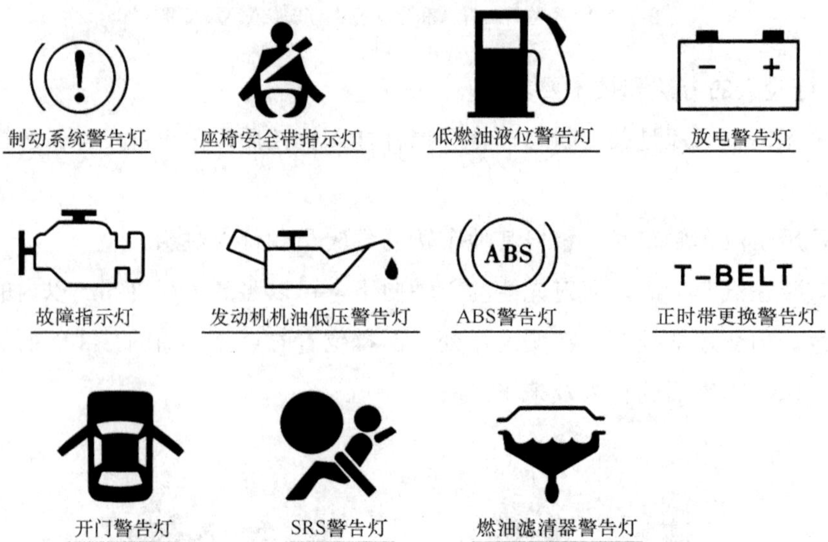

图3-3-11　各种警告灯图案示意图

1．钥匙开关转到“ON”位置，发动机处于不运转状态时，组合仪表上各警告灯点亮情况

① 制动系统警告灯。若驻车制动杆被拉起时，它就会点亮；当制动液液位降低时，它就会点亮。松开驻车制动杆时，它就会熄灭。

② 座椅安全带提示灯。若座椅安全带没有系时，它就会点亮。若座椅安全带已经系上时，它就会熄灭。

③ 放电警告灯点亮。

④ 故障指示灯点亮。

⑤ 低燃油液位警告灯点亮。

⑥ 发动机机油低压警告灯点亮。

⑦ ABS 警告灯点亮。

⑧ 开门警告灯。若任何一扇车门未关闭时，它就会亮。若所有车门关闭时，它就会熄灭。

⑨ SRS 警告灯点亮。

⑩ 正时带更换警告灯熄灭。当行驶距离达到正时带的更换时间时，它就会亮。

⑪ 燃油滤清器警告灯熄灭。当燃油滤清器中的水位达到指定的极限时，它就会亮。

2．钥匙开关转到“ON”位置，发动机处于运转状态时，组合仪表上各警告灯点亮情况

① 放电警告灯。正常情况时，放电警告灯自动熄灭。当充电系统存在故障不充电时，它就会点亮。

② 发动机系统故障指示灯。正常情况时，发动机系统故障指示灯自动熄灭。当发动机控制系统或变速器等控制系统存在故障时，它就会点亮。

③ 低燃油液位警告灯。正常情况时，发动机系统故障指示灯自动熄灭。当燃油箱中的燃油接近用完时，它就会点亮。

④ 发动机机油低压警告灯。发动机运转中，如果发动机机油的压力降低（机油液位降低），它就会变亮。

⑤ ABS 警告灯。发动机运转中，当 ABS 系统存在故障时，它就会变亮。

⑥ 开门警告灯。当车门未关时，它就会亮。

⑦ SRS 警告灯。发动机运转中，当 SRS 空气囊系统存在故障时，它就会变亮或闪烁。

⑧ 正时带更换警告灯。发动机运转中，当行驶距离达到正时带的更换时间时，它就会变亮。

⑨ 燃油滤清器警告灯。发动机运转中，当燃油滤清器中的水位达到指定的极限时，它就会变亮。

表 3-3-1　　车灯检查工作表

维护项目作业顺序及项目作业技术要求

车灯检查项目

序号	检测部位	检测项目	技术要求	备　注
1	照明系车灯	检查示宽灯、牌照灯尾灯和仪表灯	车灯开关打开后，示宽灯、牌照灯、尾灯和仪表灯应正常发亮	
		检查前照灯（近光）	车灯开关打开后，前照灯（近光）应正常发亮	
		检查前照灯（远光）和远光指示灯	变光器开关向下打开后，前照灯（远光）和远光指示灯应正常发亮	
		检查前照灯闪光开关和指示灯	变光器开关向上移动至最上端时，前照灯闪光器和指示灯正常发亮或闪烁	

（续表）

序号	检测部位	检测项目	技术要求	备注
2	信号系车灯	检查转向信号灯和指示灯	将变光器开关向上或向下移动，右转信号灯和指示灯或左转信号灯和指示灯正常闪烁	闪烁频率 60～120 次/分
		检查危险警告灯和指示灯	打开危险警告和指示灯开关后，危险警告和指示灯发亮。	
		检查制动灯	踩下制动踏板后，制动灯发亮。	
		检查倒车灯	点火开关处于“ON”位置时，选挡杆挂入倒挡后，倒车灯正常发亮。	
		检查转向开关自动返回功能	变光器开关应能自动置于中间位置。	
		检查雾灯点亮	雾灯开关在“ON”位置时，雾灯全时间内，保持在发亮。 雾灯开关在“OFF”位置时，厢灯（顶灯） 熄灭。 雾灯开关在“DOOR”位置时，打开任何一扇车门，雾灯发亮；当所有的车门都关闭后，雾灯熄灭。	
3	警告灯	检查组合仪表警告灯（点亮和熄灭）	将点火开关转到“ON”位置时，制动系统警告灯（驻车制动杆拉起）、座椅安全带提示灯、放电警告灯、故障指示灯、低燃油液位警告灯、发动机机油低压警告灯、ABS 警告灯、开门警告灯（任何车门打开）、SRS 警告灯应点亮。正时带更换警告灯、燃油滤清器警告灯应熄灭。 发动机启动后，放电警告灯、故障指示灯、低燃油液位警告灯、发动机机油低压警告灯、ABS 警告灯、SRS 警告灯、正时带更换警告灯、燃油滤清器警告灯熄灭。	

项目单元四 洗涤器（喷洗器）与刮水器的检查

学习目标

1．知识要点：

① 了解喷洗器与刮水器检查的作用

② 了解喷洗器与刮水器检查的工作内容和技术要求

2．技能要点：

掌握喷洗器与刮水器检查的方法和技术要求

一、喷洗器与刮水器检查的作用

喷洗器是为了清除挡风玻璃上的雨水或灰尘而设置的，当挡风玻璃在干燥的状态时，使用刮水器会刮伤玻璃。为防止划破挡风玻璃，需使用喷洗器喷洒清洁液后与刮水器协同工作。喷洗器工作不正常，会影响驾驶员视野。刮水器是为了保证汽车在雨天、雪天和有雾的天气时，驾驶员有良好的视线，确保行车安全。须做日常检查和定期检查。

二、喷洗器与刮水器检查的工作内容

1．喷洗器检查的工作内容

① 检查喷洗器喷射的清洁液是否集中在刮水器工作范围内。

② 检查喷洗器清洁液压力是否足够。

③ 检查喷洗联动刮水器功能。

2．检查刮水器的工作内容

① 检查刮水器工作性能。

② 检查刮水器停止位置。

③ 检查刮水器刮拭效果。

三、喷洗器检查的方法和技术要求

1．检查喷洗器清洁液喷射位置是否集中在刮水器工作范围内

喷洗器工作时，通过挡风玻璃前1～2个洗涤喷嘴将清洁液喷射到挡风玻璃刮水器工作范围内，如图3-4-1所示。然后刮水器协同工作，如图3-4-2所示。如果清洁液喷位置不在挡风玻璃刮水器工作范围内，会造成刮水器在挡风玻璃干燥的状态下工作，刮水器会刮伤玻璃。

2．检查喷洗器清洁液压力是否足够

喷洗器中的洗涤泵是由永磁直流电动机和离心叶片泵组成一体。喷洗器工作时，洗涤泵将清洁液以一定的压力喷出。一般喷射压力为70～90kPa。如果喷射压力不足，会造成清洁液不能集中在刮水器工作范围内。

3．检查喷洗联动刮水器功能

为了达到良好的清洁效果，一般车辆配备有挡风玻璃喷洗联动刮水器功能。喷洗器工作时，洗涤泵先将清洁液以一定的压力喷射到挡风玻璃后，刮水器会自动刮动3～5次，如图3-4-2所示。

图 3-4-1　喷洗器喷射状态示意图

图 3-4-2　刮水器协同工作示意图

四、刮水器检查的方法和技术要求

1．检查刮水器性能

现代汽车广泛采用电动刮水器，电动刮水器是由微型直流电动机驱动，通过联动机构，使挡风玻璃外表面的 2 个或 1 个刮水片来回刮扫，以扫除挡风玻璃上的雨水、雪或灰尘。并根据雨水、雪的大小情况设置不同的刮水器性能。刮水器的刮水功能有一次刮扫、间歇功能、Lo 慢速、Hi 快速。刮水器性能必需正常。

2．检查刮水器的停止位置

现代汽车刮水器系统中一般都装有自动复位功能装置。当刮水器停止工作时，为了不影响驾驶员的视线，刮水片应能够自动回到挡风窗玻璃的下部，为此，检查当刮水器开关关闭时，刮水器自动停止在其停止位置——挡风窗玻璃的下部。

3．刮水器的刮拭效果

刮水器工作是运用挡风玻璃外表面的 2 个或 1 个橡胶刮水片来回刮扫。如果橡胶刮水片老化、变形、损坏等会影响刮水器的刮拭效果，如图 3-4-3 所示。

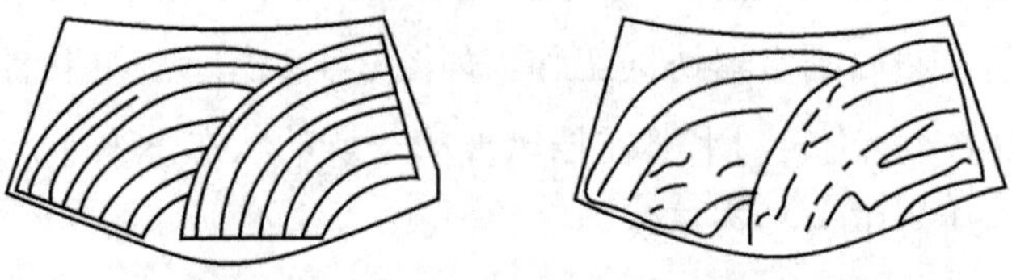

图 3-4-3　刮水器刮拭效果不良示意图

表 3-4-1　　喷洗器与刮水器检查工作表

维护项目作业顺序及项目作业技术要求				
喷洗器与刮水器检查项目				
序号	检测部位	检测项目	技术要求	备　注
1	前挡风玻璃喷洗器	检查喷射力、喷射工作范围	喷洗器清洁液喷洒压力应足够，喷洗器清洁液喷洒应集中在刮水器工作范围内	
		检查喷射时与刮水器联动	在喷洗器喷洒时，刮水器应可以协同工作	

（续表）

序号	检测部位	检测项目	技术要求	备　注
2	前挡风玻璃刮水器	检查刮水器工作情况（一次刮扫）	刮水器开一次刮扫、Lo 慢速、Hi 快速、间歇功能正常工作	
		检查刮水器工作情况（Lo 慢速）		
		检查刮水器工作情况（Hi 快速）		
		检查刮水器工作情况（间歇功能）		
		检查刮水器工作情况（停止位置）	刮水器开关关闭后，刮水器自动停止在其停止位置（挡风玻璃之下）	
		检查刮水器工作情况（刮拭状况）	刮水器刮拭后，挡风玻璃上不能出现条纹式的刮水痕迹或其他刮水效果不好的痕迹	

项目单元五　驻车制动杆与行车制动器检查

学习目标

1．知识要点：

① 了解驻车制动器与行车制动器检查的作用

② 了解驻车制动器与行车制动器检查的工作内容和技术要求

2．技能要点：

掌握驻车制动器与行车制动器检查的方法和技术要求

一、驻车制动器检查

（一）驻车制动器检查的作用

驻车制动器（即手刹车）是保障行车安全的重要部件之一。

驻车制动器的作用：

（1）停车时，使用驻车制动器来避免车辆无意中的滑动；

（2）是车辆在坡道上停车和起步时，使用驻车制动器来避免车辆滑动；

（3）行车制动器失效后临时使用或配合行车制动器进行紧急制动。其技术状况的好坏，直接影响到行车及停车安全。须做日常检查和定期检查。

（二）驻车制动器检查的工作内容

1．检查驻车制动杆行程

2．检查驻车制动指示灯

（三）驻车制动器检查的方法和技术要求

1．检查驻车制动杆行程

① 驻车制动杆行程过长时，驻车制动效能降低。

② 驻车制动杆行程过短时，有可能使驻车制动器拖滞，即驻车制动器处于部分接合状态，如图 3-5-1 所示。

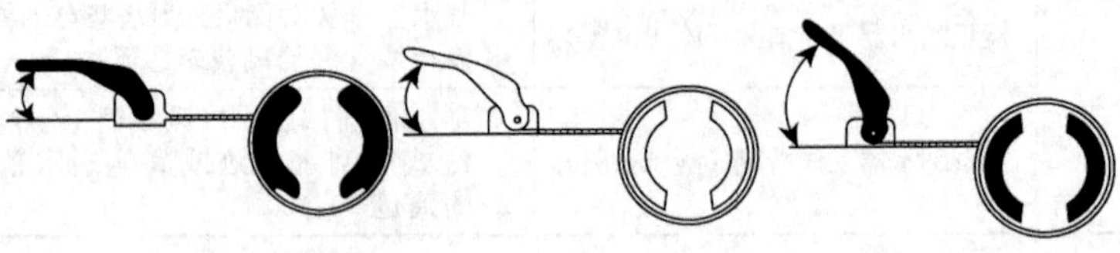

驻车制动杆行程太短　　驻车制动杆行程适中　驻车制动杆行程太长

图 3-5-1　驻车制动杆行程工作情况示意图

检查时，用一定的力拉起驻车制动手柄，棘轮会发出 “咔哒”的声音，通过数出棘轮的齿声数来检查。参考值为 5～9 个齿声数。若齿数声少，则驻车不易释放；若齿声数多，则驻车制动易拉不紧，如图 3-5-2 所示。

2．检查驻车制动指示灯

当驻车制动杆被拉起时，驻车指示灯就会变亮。提示驻车制动器已被设定，仪表板上的制动器指示灯发亮直至将驻车制动器释放。驾驶员在驾驶之前，须确认驻车制动器充分释放以及驻车制动器指示灯熄灭，如图 3-5-3 所示。

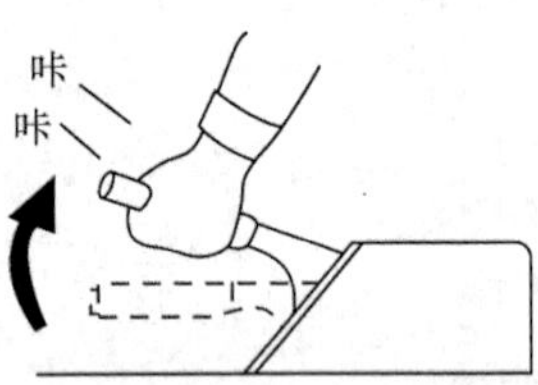

图 3-5-2　检查驻车制动杆行程示意图

图 3-5-3　驻车制动指示灯的工作情况示意图

二、行车制动器检查

（一）行车制动器检查的作用

行车制动器是保障行车安全的重要部件之一。行车制动器能够使运动中的车子减速或停车，或防止停放着的车子发生滑动。如果制动系统有故障，会导致极端危险的情况。因此，对制动系统进行检查维护是必要的。须做日常维护和定期维护。

（二）行车制动器检查的工作内容

1．检查制动器踏板状况

2．检查制动踏板行程

3．检查制动助力器的功能

（三）行车制动器检查的方法和技术要求

1．检查制动器踏板状况

制动器踏板是制动系统操纵机构的重要构件，其工作状况的好坏影响到制动器的操纵，如果制动踏板状况不好，会导致极端的危险。须检查制动器踏板的反应灵敏度，是否有踏板不完全落下现象，是否有异常噪声，踏板是否过度松动，如图3-5-4所示。

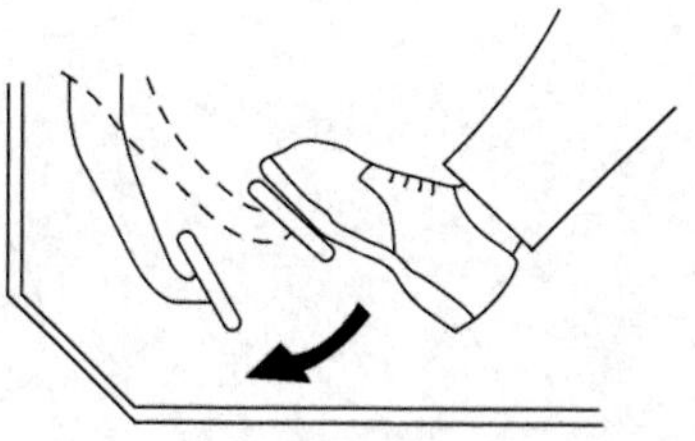

图 3-5-4 检查踏板工作状态示意图

2．检查制动踏板行程

为了获得合适的制动力，需要正确的制动踏板行程。制动踏板行程要符合原厂规定。须检查制动器踏板的高度、自由行程和行程余量等，如图3-5-5所示。

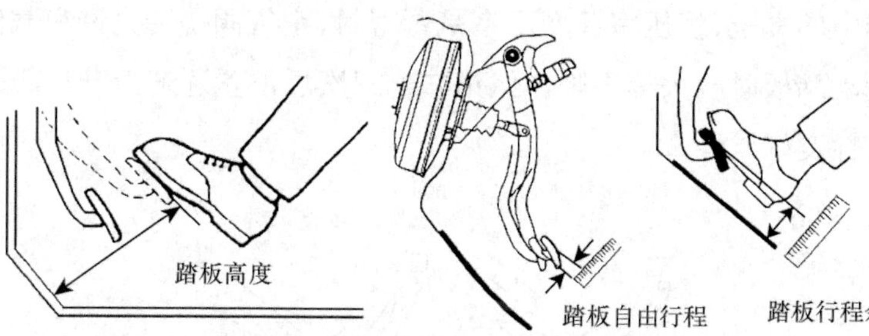

图 3-5-5 检查踏板高度、踏板自由行程和踏板行程余量示意图

3．检查制动助力器的功能

目前轿车的液压制动系统中，大多采用真空助力式制动系统，利用发动机进气管（或真空泵）形成的真空度，与驾驶员加于制动踏板上的力一起来推动主缸活塞移动，从而产生制动作用。可以减轻驾驶员施加于制动踏板上的力，增加车轮制动力，达到操纵轻便、制动可靠的目的。

须检查制动助力器的功能①工作检查；②气密性检查；③真空检查等。

（1）检查制动助力器工作

通过对不启动发动机和启动发动机的两种状态下来检查制动助力器工作情况：

① 不启动发动机状态下，发动机进气管没有形成真空度，制动助力器不起作用；

② 启动发动机状态下，发动机进气管形成真空度，制动助力器起作用。

检查制动助力器工作示意图，如图3-5-6所示。

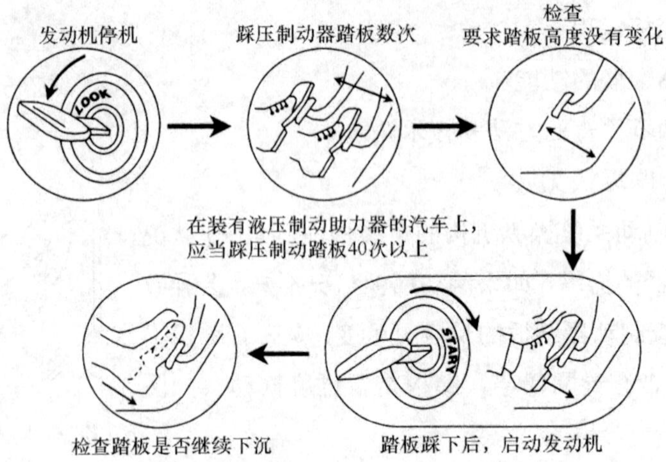

图 3-5-6　检查制动助力器工作示意图

（2）气密性检查

通过先启动发动机让发动机进气管形成的真空作用给制动助力器后停机，然后检查是否维持了制动助力器中的真空、恒压室和变压室是否密封、空气阀是否允许空气流入，如图 3-5-7 所示。第一次踩制动踏板时应大幅下降，但第二、三次后位置逐渐上升，如果是这样，则表示制动助力器气密性良好。

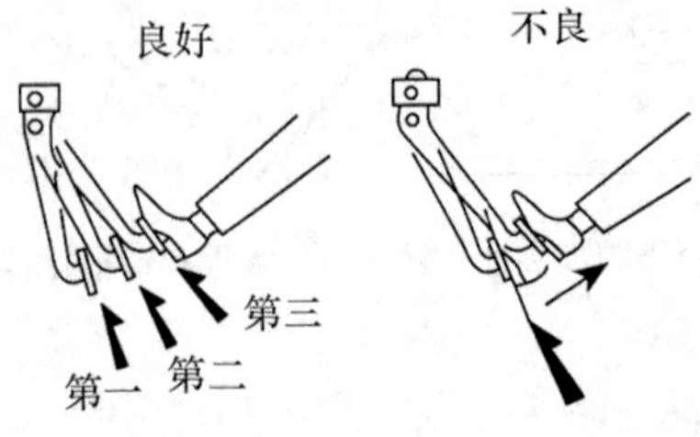

图 3-5-7　检查制动助力器气密性示意图

（3）真空检查

通过先启动发动机让发动机进气管形成的真空后，让制动助力器工作使制动助力器室中有真空压力后停机，检查制动助力器室的真空压力是否没有减小，如图 3-5-8 所示。

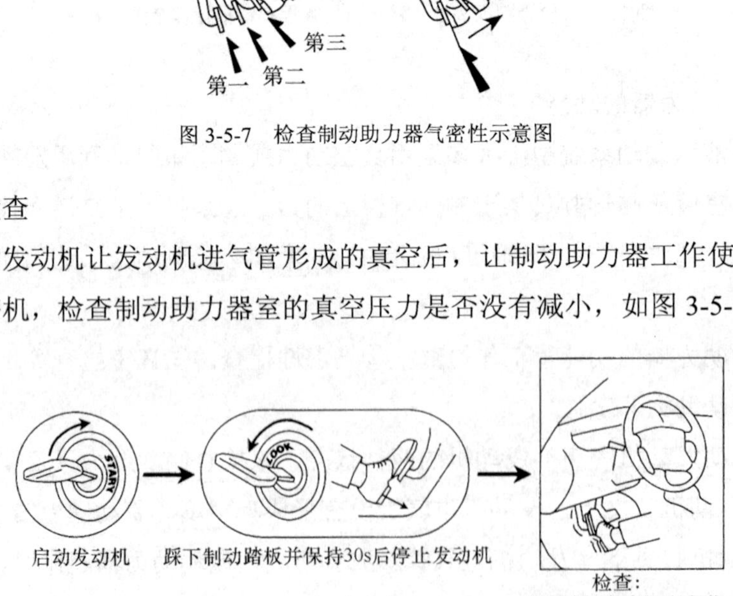

图 3-5-8　查制动助力器真空检查示意图

表 3-5-1　　驻车制动杆与行车制动器检查工作表

维护项目作业顺序及项目作业技术要求

驻车制动器与行车制动器检查项目

序号	检测部位	检测项目	技术要求	备　注
1	驻车制动器	检查驻车制动杆行程	符合原厂规定，当驻车制动杆被20kg的拉力拉起时，锁止生效齿数参考值5～9齿，锁止有效	
		检查驻车制动器指示灯点亮	驻车制动指示灯开关灵敏、有效。当驻车制动杆被拉起一个槽口时，驻车制动指示灯点亮。当驻车制动杆复位后驻车制动指示灯应熄灭	
2	行车制动器	检查制动器踏板应用状况（响应性）	在发动机停机状态下，连续踩动几下制动器踏板后，制动器踏板的响应性应良好（反应灵敏度高）	
		检查制动器踏板应用状况（完全踩下）	在发动机停机状态下，制动器踏板完全可以踩下	
		检查制动器踏板应用状况（异常噪声）	在发动机停机状态下，连续踩动几下制动器踏板后，制动器踏板无异常噪声	
		检查制动器踏板应用状况（过度松动）	在发动机停机状态下，连续踩动几下制动器踏板后，制动器踏板无过度松动状况	
		检查制动踏板高度	应符合原厂规定，参考值140～150mm	
		检查制动踏板自由行程	应符合原厂规定，参考值1～6mm	
		检查制动踏板行程余量	应符合原厂规定，参考值70～80mm	
		检查制动助力器工作情况	制动助力器应工作正常有效	启动发动机后，制动器踏板应下沉。
		检查制动助力器气密性情况	制动助力器中维持真空，恒压室和变压室应密封，空气阀有效	踩压制动踏板数次后，踏板返回的高度越来越大。
		检查制动助力器真空功能	制动助力器室的真空功能有效	制动踏板高度不变化

项目单元六　离合器

学习目标

1．知识要点：

① 了解离合器检查的作用

② 了解离合器检查的工作内容和技术要求

2．技能要点：

掌握离合器检查的方法和技术要求

一、离合器检查

1．离合器检查的作用

离合器是发动机与变速器之间的传力机构，其接合或分离可以执行或中断发动机与传力系统之间的动力传递，其可保证汽车平稳起步，防止传动系过载。机动车运行安全技术条件规定，汽车的离合器应接合平稳，分离彻底，工作时不允许有异响、抖动或不正常打滑等现象。如果离合器踏板工作状况不好、离合器踏板行程不合适等会影响汽车正常运行。须做日常检查和定期检查。

二、离合器检查的工作内容

1．检查离合器踏板工作状况

出现踏板的回弹无力，异常噪声，过度松动和感觉踏板重等现象，说明离合器踏板工作状况不好。

2．检查离合器踏板行程

检查离合器踏板高度及踏板自由行程。

3．检查离合器分离点

4．检查离合器是否有磨损、噪声、变重等现象

三、离合器检查的方法和技术要求

1．检查离合器踏板工作状况

汽车行驶时，驾驶员通过操纵离合器踏板来控制离合器的接合或分离，从而可以执行或中断发动机与传力系统之间的动力传递。离合器踏板工作状况必需完好，不允许出现以下现象：①踏板的回弹无力；②异常噪声；③过度松动；④感觉踏板重。检查离合器踏板工作状况，如图 3-6-1 所示。

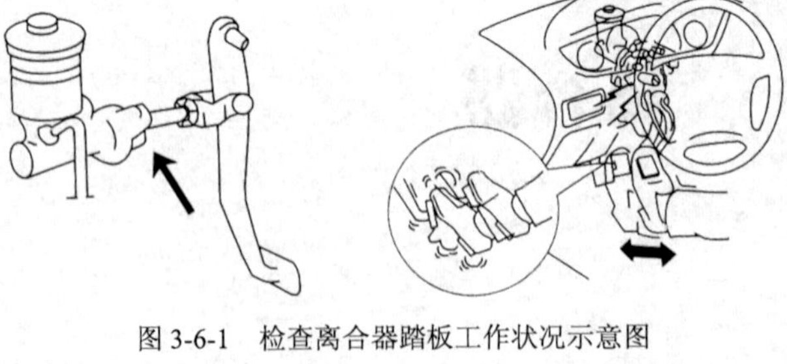

图 3-6-1　检查离合器踏板工作状况示意图

2．检查离合器踏板工作行程

合适的离合器踏板工作行程对离合器正常工作是必要的。若离合器踏板工作行程不合适，

会造成离合器打滑或分离不彻底，影响汽车的正常行驶。离合器踏板工作行程应符合整车技术条件的有关规定。

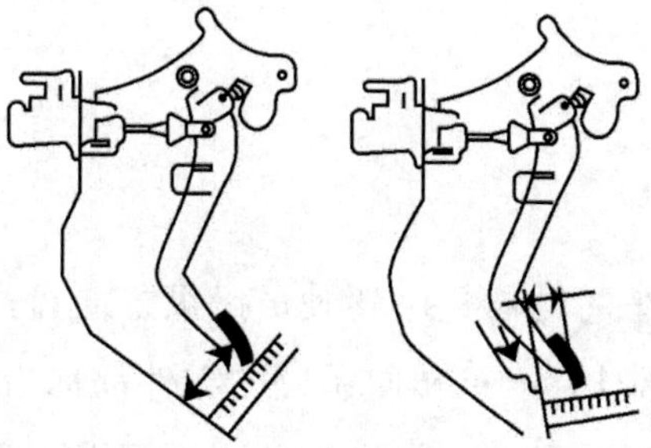

图 3-6-2 离合器踏板高度和离合器踏板自由行程测量示意图

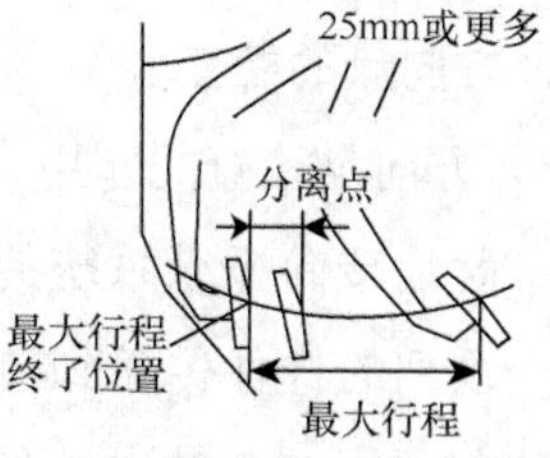

图 3-6-3 离合器分离点示意图

3．检查离合器分离点

检查离合器分离点是判定为离合器分离情况。

4．检查是否有离合器磨损、离合器噪声、离合器变重是对离合器性能的检查

表 3–6–1 检查离合器工作表

维护项目作业顺序及项目作业技术要求				
离合器检查项目				
序号	检测部位	检测项目	技术要求	备 注
1	离合器	检查离合器踏板工作状况	在踩下离合器踏板时，踏板回弹有力，无异常噪声，无过度松动，踏板不沉重	
		检查离合器踏板高度	应符合原厂规定，参考值 150mm	
		检查离合器踏板自由行程	应符合原厂规定，参考值 15～25mm	
		检查离合器分离点检查	分离点行程量应符合原厂规定	
		检查离合器磨损、离合器噪声、离合器变重	换挡平稳，无异常噪声，踩踏板重量可以接受	

项目单元七 方向盘、喇叭检查

学习目标

1．知识要点：

① 了解方向盘、喇叭检查的作用

② 了解方向盘、喇叭检查的工作内容和技术要求

2．技能要点：

掌握方向盘、喇叭检查的方法和技术要求

一、方向盘的检查

（一）方向盘检查的作用

方向盘是转向操纵系统的重要部件之一，汽车的转向是由驾驶员操纵方向盘，通过转向器和一系列的杆件传递到转向车轮而实现的。因此，汽车转向系统的零件都称为保安件。我国机动车运行安全技术条件规定汽车方向盘应转动灵活，操纵方便，无阻滞现象。如果方向盘的自由行程过大或有松动和摆动，会造成转向不灵敏，影响汽车的行驶安全。须做日常维护和定期维护。

（二）方向盘检查的工作内容

1．检查方向盘自由行程

2．检查方向盘松动和摆动

3．检查方向盘锁定功能

（三）检查方向盘检查的方法和技术要求

1．检查方向盘自由行程

如图 3-7-1 所示，在配备动力转向系统的车辆上，启动发动机，使车辆笔直向前。轻轻移动方向盘在车轮就要开始移动时，使用一把直尺测量方向盘的移动量（自由行程）。

2．检查方向盘松动和摆动

用两手握住方向盘。轴向地、垂直地或者向两侧移动方向盘，确保其没有松动或者摆动，如图 3-7-1 所示。

3．检查方向盘锁定功能

将点火开关转动到 ACC，保持方向盘不锁定和可自由移动；取出点火开关钥匙后，方向盘被锁定。

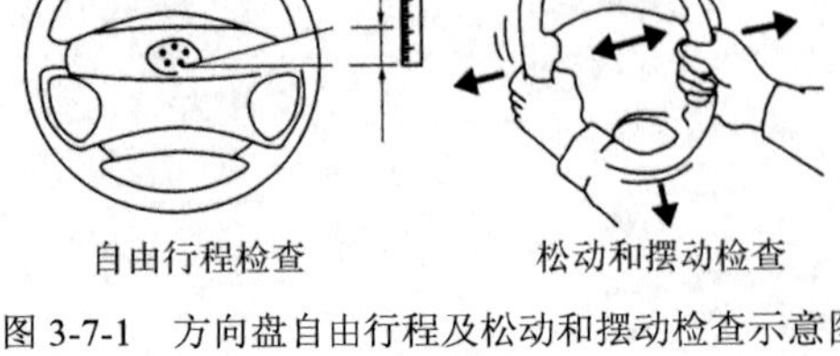

图 3-7-1　方向盘自由行程及松动和摆动检查示意图

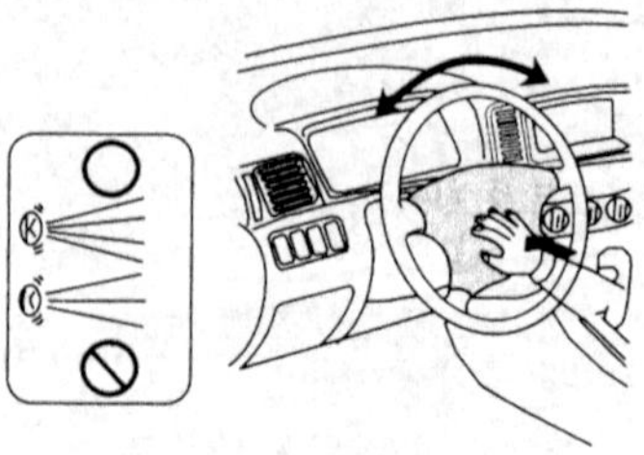

图 3-7-2　喇叭检查示意图

二、喇叭的检查

（一）喇叭检查的作用

汽车喇叭是车辆安全设备，作用是向环境（如人、车辆）发出警告、示意信号。警告其他车辆的驾驶员和行人注意。我国机动车运行安全技术条件规定汽车喇叭应设置具有连续发声功能的喇叭，其工作应可靠。如果喇叭有故障，将造成开车不方便。须做日常维护和定期维护。

（二）检查喇叭检查的工作内容

1．是否发声

2．检查音量和音调是否稳定

（三）检查喇叭检查的工作方法和技术要求

1．检查发声

2．检查音量和音调是否稳定

喇叭检查示意图，如图 3-7-2 所示。

表 3–7–1　　检查方向盘和喇叭的工作表

维护项目作业顺序及项目作业技术要求				
方向盘和喇叭检查项目				
序号	检测部位	检测项目	技术要求	备　注
1	方向盘	测量自由行程	符合《机动车运行安全技术条件》规定，机动车方向盘的最大自由转动量从中间位置向左或向右转角均不得大于： ① 最大设计车速大于或等于 100km/h 的机动车 10°； ② 最大设计车速小于 100km/h 的机动车 15°	
		检查松驰和摆动	符合《机动车运行安全技术条件》规定，应转动灵活，操纵方便，无阻滞现象且不松驰和摆动	
		检查方向盘锁定功能	符合规定点火开关转动到 ACC，方向盘不锁定和可自由移动	
2	喇叭	检查发声	符合规定连续发声、工作应可靠	
		检查音量和音调	符合规定音量和音调正常	

项目单元八　汽车车身内外部件检查

学习目标

1．知识要点：

① 了解汽车车身内外部件检查的作用

② 了解汽车车身内外部件检查的工作内容和技术要求

2．技能要点：

掌握汽车车身内外部件检查的方法和技术要求

一、汽车车身内外部件检查的作用

汽车车身是汽车的重要组成部分，是驾驶员工作的场所及用来安置乘客与货物的场所。车身应为驾驶员提供方便的操作条件，以及为乘客提供舒适安全的环境或保证货物完好无损。检查汽车车身内外部件就是确保车身内外附件、座椅、安全带以及备用轮胎等完好。

二、汽车车身内外部件检查的工作内容

1．检查左前、左后、右前、右后车门

①检查门控灯开关；②检查座椅安全带性能；③检查座椅安全带螺栓和螺母紧固；④检查座椅螺栓和螺母紧固；⑤检查车门铰链螺栓和螺母紧固；⑥检查车门的限位器。

2．检查油箱盖

①检查油箱盖和垫片；②检查油箱盖真空阀；③检查油箱盖与车身的连接器；④检查油箱盖扭矩限制器性能。

3．检查车灯

①检查车灯安装状况；②检查车灯是否损坏和有污垢。

4．检查备用轮胎

①检查备用轮胎气压和气门漏气情况；②检查轮胎龟裂、损伤和有无金属嵌进物及其他异物；③检查轮胎花纹的深度和磨损情况；④检查轮圈和轮盘损坏或腐蚀、变形情况。

5．检查行李箱

①检查行李箱盖的螺栓和螺母紧固；②检查行李箱盖控制灯开关。

6．检查后、前悬架

①检查减振器的减振力；②检查车辆倾斜度。

7．检查发动机舱

① 检查发动机舱盖的螺栓和螺母紧固情况。

② 拆卸机油加注盖。

三、汽车车身内外部件检查的方法和技术要求

（一）左前、左后、右前、右后车门检查

1．检查车门门控灯开关

汽车顶灯用以车厢内照明。当顶灯开关打到“DOOR”位置时，顶灯由门控灯开关控制。如图 3-8-1 所示，打开任何一扇车门时顶灯变亮，而所有车门关闭后顶灯熄灭。

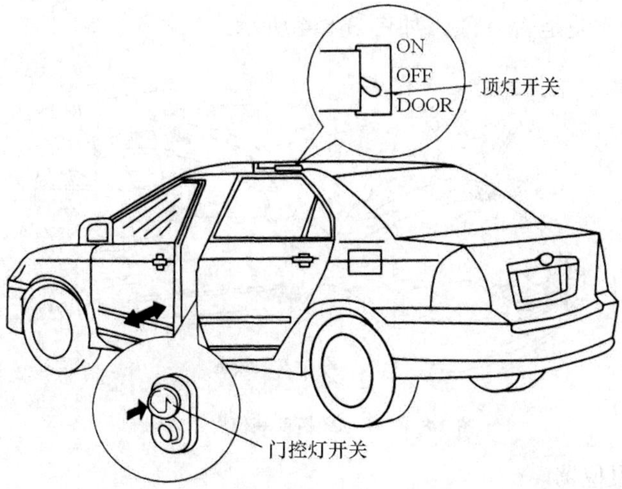

图 3-8-1　门控灯开关和顶灯开关安装位置示意图

2．检查座椅安全带工作情况。

汽车座椅安全带是用于在车身受到猛烈撞击时，防止乘客被安全气囊弹出时伤害的装置。公安部门要求小型的客车驾驶员和前排的乘客必须使用安全带，以便发生交通事故时，安全带对人起到缓冲的作用，防止出现二次伤害。

3．检查车身和座椅螺母及螺栓

汽车座椅的主要功能是为驾驶者提供便于操纵、舒适、安全和不易疲劳的驾驶座位。座椅必须安装牢固可靠，如图 3-8-2 所示。

4．检查安全带的伸缩性和预紧装置是否良好

座椅安全带结构示意图，如图 3-8-3 所示。

5．检查在车身中间 B 柱上安全带固定座、座椅边地板上安全带固定座的螺母及螺栓是否紧固。

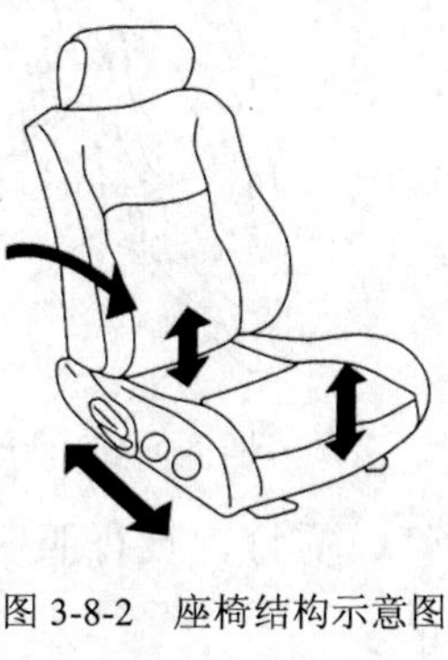

图 3-8-2　座椅结构示意图

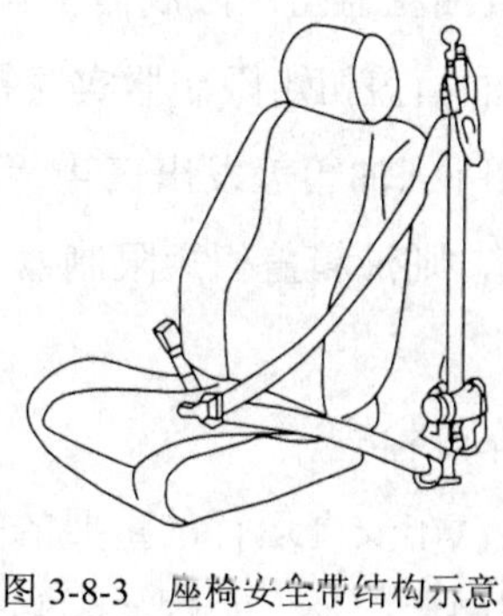

图 3-8-3　座椅安全带结构示意图

6．检查车门铰链螺栓和螺母是否松动

车门铰链螺栓和螺母是否松动直接关系到车门打开是否费劲、车门是否下沉、车门铰链

关闭灵不灵、车门锁开关是否有效，如图 3-8-4 所示。

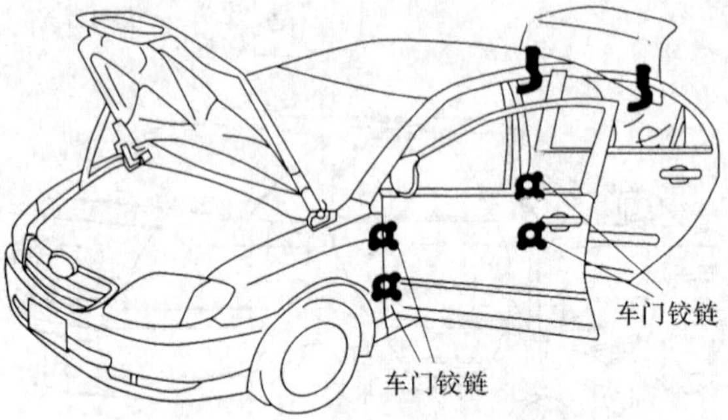

图 3-8-4　车门铰链安装位置示意图

7．检查车门的限位器

车门的限位器有效保持车门位置，达到车门开门限位的目的。它能保护车门，限制到一定程度，而不被损坏。

（二）油箱盖检查

1．检查燃油箱盖和垫片变形或损坏与否

汽车油箱盖是汽车部件的重要安全件。它的主要功能是在汽车行驶和停止时保证油箱的通气畅通，在一定的压力条件下不能泄漏。尤其是当汽车在颠簸时保持油箱密闭的状态，否则汽油外泄，将产生危险。

2．检查油箱盖的真空阀是否堵塞

① 汽车在工作时不断地从油箱吸取汽油，此时外部的空气通过油箱盖内的单向阀补充到箱内，如果空气补充不流畅在油箱内形成真空状态，汽车就会动力不足或者熄火。

② 当汽车停驶且在夏天烈日暴晒之下时，油箱内汽油温度升高汽化，产生较高的压力。此时必须通过油箱盖将汽化压力排除。

3．检查油箱盖扭矩限制器工作状况，当油箱盖拧紧到一定位置时，油箱盖扭矩限制器实时检测出规定值，并发出“咔嗒”声，在听到油箱盖发出三声“咔嗒”声，而且能够自由转动油箱盖，则油箱盖扭矩限制器工作状况正常，如图 3-8-5 所示。

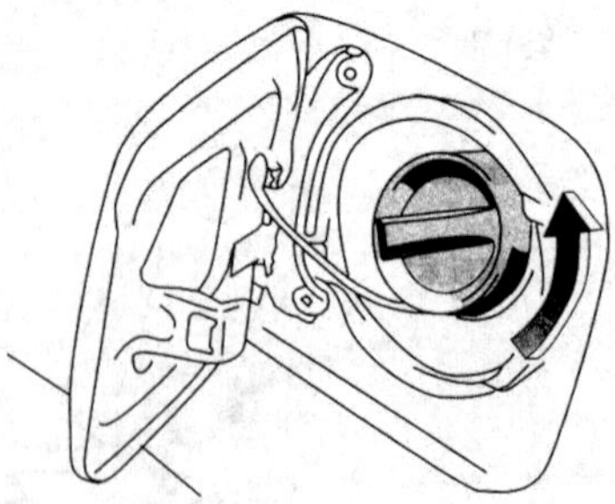

图 3-8-5　油箱盖检查示意图

（三）车灯检查

车灯是汽车安全运行的重要的部件之一，汽车上有信号灯、雾灯、夜行照明灯等，各种灯光具有不同的用途。车灯的安装和车灯的完好是非常重要的。

1．检查车灯安装状况

用手检查车灯是否松动，如图 3-8-6 所示。

2．检查车灯是否损坏和有污垢

通过检查确保各灯的灯罩和反光镜没有褪色或者因为碰撞而损坏。同时，检查灯内是否有污物或者有水进入，如图 3-8-6 所示。

图 3-8-6　车灯安装状况和车灯损坏和有污垢检查示意图

（四）备用轮胎检查

备用轮胎也是车辆的重要部件之一，一旦轮胎发生故障，随车携带的备胎就可派上用处。不要忽略了备胎，到紧急时刻才发现备胎气压不足、气门芯损坏或备胎已过保质期，有备胎等于没备胎。日常和定期的轮胎检查也包括备胎检查。备胎通常为应急使用胎，使用频率很少，但备胎也是橡胶制品，会老化、损坏，日常不注意保养，备胎就会变成废胎。

1．检查轮胎气压

轮胎气压过低会导致不正常磨损或轮胎内部损伤，轮胎气压过高则会使得轮胎及轮圈较易受到不平路面的冲击而变形，甚至会导致爆胎。轮胎气压须做日常检查和定期检查。

① 用轮胎气压表检查轮胎气压，如图 3-8-7 所示。轮胎标准气压值表在驾驶员侧门内侧的后部。轮胎标准气压值为 200～230kPa，随不同车型而异。

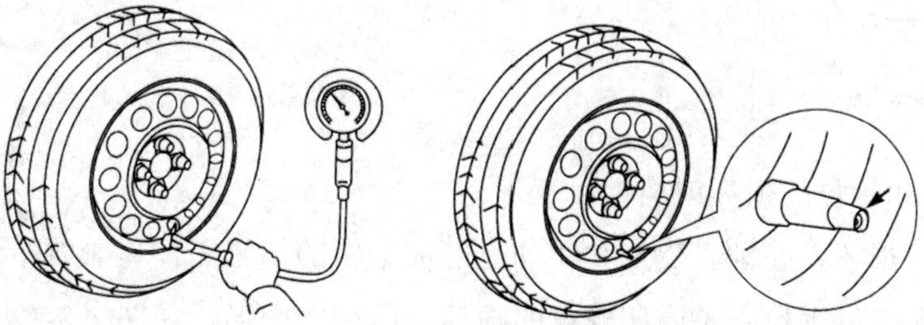

图 3-8-7　轮胎气压校调和轮胎气门嘴示意图

② 检查气压后，通过在气门周围涂肥皂水的方法检查是否漏气。并确认安装上轮胎气门嘴盖，没有气门嘴盖，灰尘或湿气将进入气门芯并导致漏气。

2．检查轮胎有无金属嵌物及其他异物

轮胎有金属嵌物及其他异物，容易发生瘪胎，轮胎容易爆裂，有可能造成轮胎损坏，引起严重的交通事故。

3．检查胎壁和胎面有无裂纹、割痕、龟裂或其他损坏

轮胎龟裂、损伤示意图，如图 3-8-8 所示。

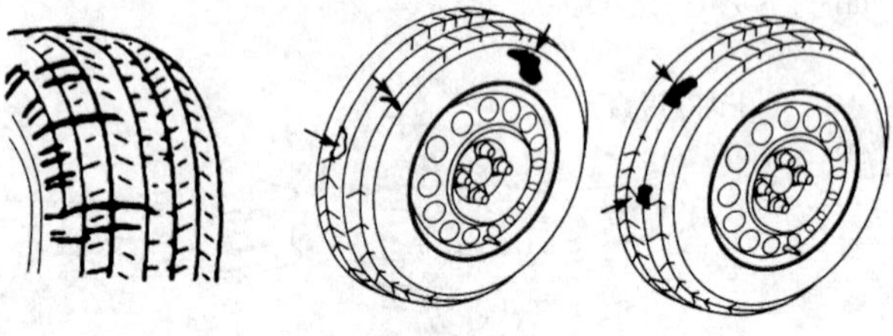

图 3-8-8　轮胎龟裂、损伤示意图

4．检查轮胎花纹的深度、异常磨损

轮胎花纹的深度磨耗至 1.6mm（毫米）或少于此值时会导致轮胎轻易滑动，尤其是当高速行驶在潮湿的地面时，轮胎不能排水，会在水面滑动（滑水效应），导致车辆失控，有可能造成严重的交通事故。轮胎花纹的深度磨耗情况，如图 3-8-9 所示。如果轮胎胎面磨耗至 4mm（毫米）以下，则雪地轮胎的功能消失。

检查轮胎花纹的深度有几种方法。①可以使用直尺测量胎面沟槽深度值；②使用轮胎深度规测量胎面沟槽深度值，如图 3-8-10 所示；③可以通过观察与地面接触的轮胎表面的胎面磨耗指示标记来检查胎面沟槽深度，如图 3-8-11 所示。

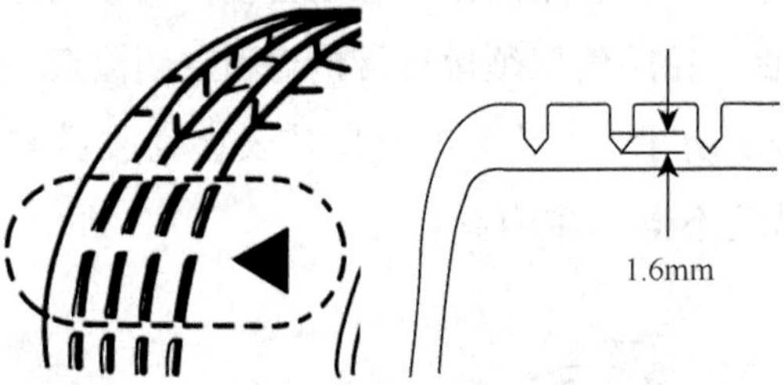

图 3-8-9　轮胎胎面沟槽深度示意图

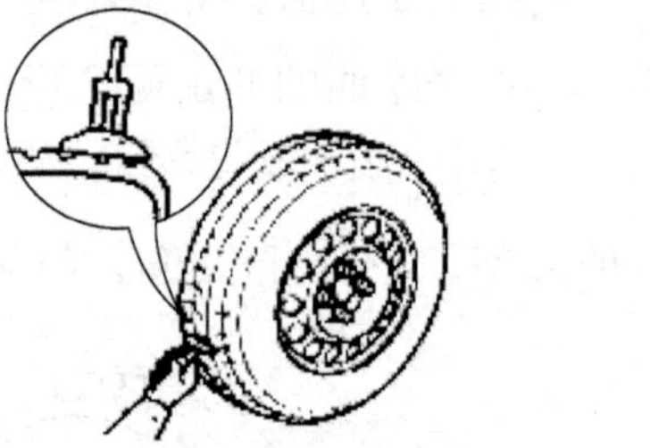

图 3-8-10　轮胎深度规测量胎面沟槽深度示意图

5．检查轮圈和轮盘的损坏或腐蚀、变形

轮圈和轮盘的损坏、腐蚀、变形和跳动会造成车轮的不平衡，将影响车辆的操作稳定性和轮胎的使用寿命。目视检查轮圈和轮盘的损坏、腐蚀、变形，如图 3-8-12 所示。

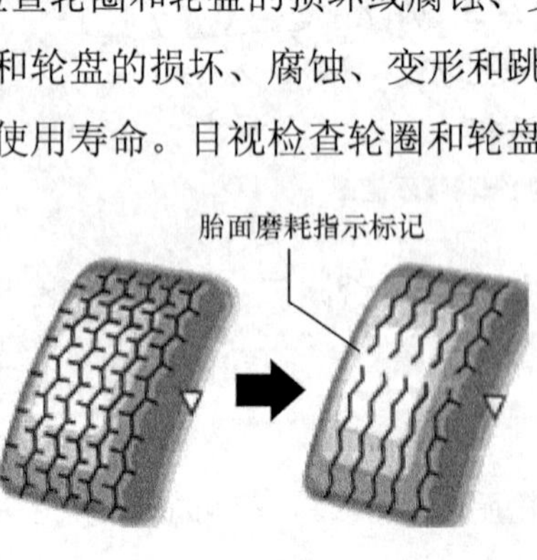

图 3-8-11　胎面磨耗指示标记示意图

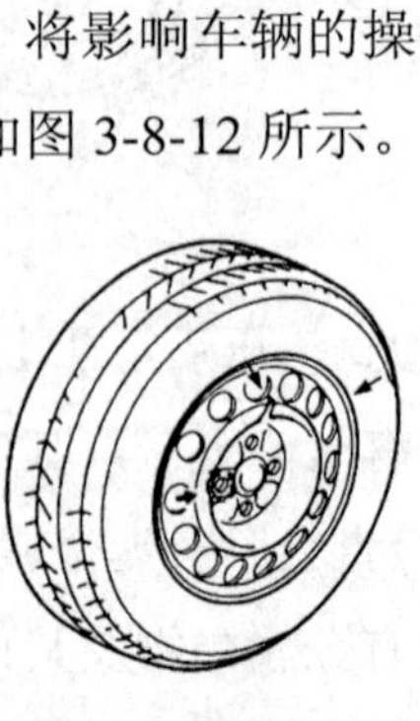

图 3-8-12　轮圈和轮盘的损坏或腐蚀、变形示意图

（五）行李箱检查

1．检查行李箱盖铰链螺栓和螺母是否松动

行李箱盖铰链安装位置示意图，如图 3-8-13 所示。

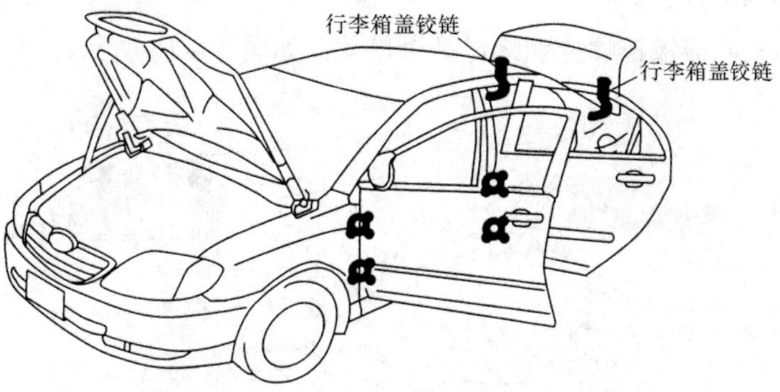

图 3-8-13　行李箱盖铰链安装位置示意图

2．检查行李箱盖控制灯

当打开行李箱盖时，行李箱照明灯会自动点亮；关闭行李箱，照明灯会自动熄灭。

（六）前、后悬架检查

1．检查减震器的减震力

悬架是由弹性元件、导向机构和减震器组成。悬架把车桥和车架（或车身）弹性地连接起来，缓和行驶中车辆受到的冲击力，保证货物完好和人员舒适。减震器的作用是减缓和迅速消除由于弹性元件引进的震动，使汽车行驶中保持稳定的姿势，改善操纵稳定性。如果减震器损坏，减震力下降，会造成不能减缓和迅速消除由于弹性元件引进的震动，如图 3-8-14 所示。

2．检查车辆倾斜度

悬架系统承担着传递垂直反力、纵向反力（牵引力和制动力）和侧向反力以及这些力所造成的力矩作用到车架（或车身）上，以保证汽车行驶平顺，如图 3-8-15 所示。

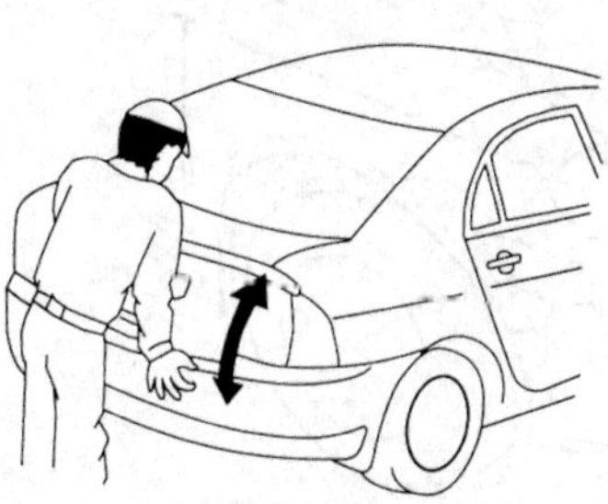

图 3-8-14　检查减震器的减震力示意图

图 3-8-15　检查车辆倾斜度示意图

提示 如果车辆倾斜，则需要验证下述各项：轮胎气压是否一致，左、右轮胎或者车轮尺寸的偏差及不均匀的车辆负荷分配。

（七）发动机舱检查

① 检查发动机舱盖铰链螺栓和螺母是否松动，如图 3-8-16 所示。

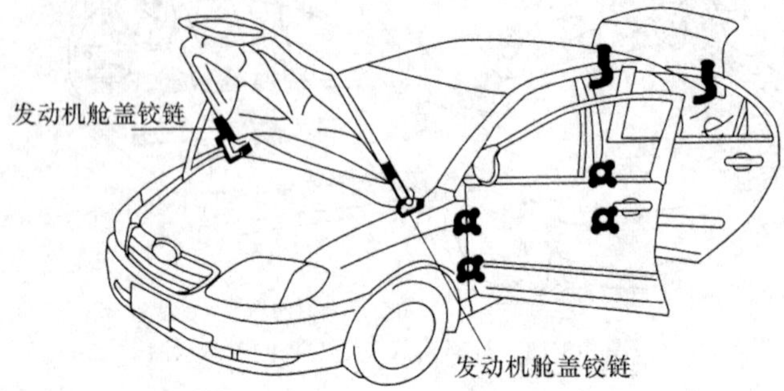

图 3-8-16 发动机舱盖铰链安装位置示意图

发动机舱盖（又称引擎盖）是最醒目的车身构件，发动机舱盖开启时一般是向后翻转，打开至预定角度，不应与前挡风玻璃接触，应有一个约为 10mm 的最小间距。为防止在行驶由于震动自行开启，发动机盖前端要有保险锁钩锁止装置，锁止装置开关设置在车厢仪表板下面，当车门锁住时发动机盖也应同时锁住。

如果发动机舱盖的螺栓和螺母松动可能出现发动机舱盖未锁闭的现象，存在安全隐患。

② 拆卸机油加注盖，如图 3-8-17 所示。

为排放发动机机油做准备工作。

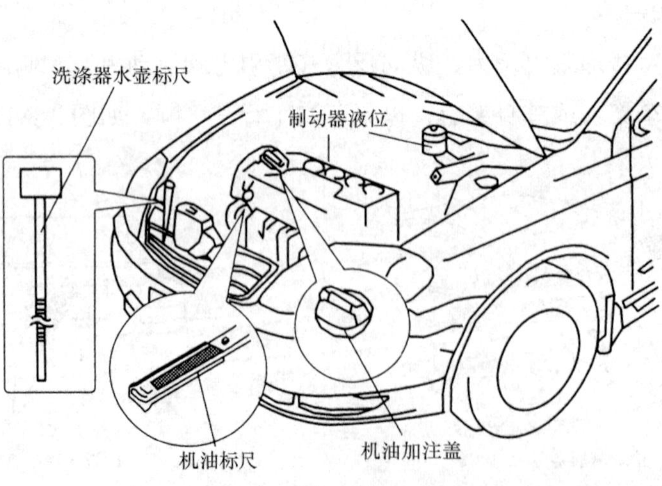

图 3-8-17 拆卸机油加注盖示意图

表 3-8-1　　汽车车身内外部件检查的工作表

维护项目作业顺序及项目作业技术要求				
汽车车身内外部件检查项目				
序号	检测部位	检测项目	技术要求	备　注
1	车身内外部件检查准备	打开行李箱舱盖	行李箱舱盖被释放	
		打开燃油盖	油箱盖被释放	
		将顶灯开关旋至“DOOR”	顶灯开关转动至“DOOR”位置	
		将换挡杆置于空挡	换挡杆被置于空挡	
		释放驻车制动杆	驻车制动杆被释放	
2	左前车门门控灯开关	检查工作情况(顶灯和车门指示器灯工作情况)	当顶灯开关打到“DOOR”位置时，门控灯开关控制顶灯有效	
3	左前车门车身螺母和螺栓	检查座椅安全带的螺栓和螺母是否松动	座椅安全带所有的固定座的螺母及螺栓紧固牢靠	
		检查座椅的螺栓和螺母是否松动	座椅所有的固定座的螺母及螺栓紧固牢靠	
		检查车门铰链的螺栓和螺母是否松动	车门铰链所有的螺母及螺栓紧固牢靠	
4	左后车门门控灯开关	检查工作情况(顶灯和车门指示器灯工作情况)	当顶灯开关打到“DOOR”位置时，门控灯开关控制顶灯有效	
5	左后车门车身螺母和螺栓	检查座椅安全带的螺栓和螺母是否松动	座椅安全带所有的固定座的螺母及螺栓紧固牢靠	
		检查座椅的螺栓和螺母是否松动	座椅所有的固定座的螺母及螺栓紧固牢靠	
		检查车门铰链的螺栓和螺母是否松动	车门铰链所有的螺母及螺栓紧固牢靠	
6	油箱盖	检查是否变形和损坏	无变形或损坏	
		检查连接状况	连接器完好	
		油箱盖扭矩限制器	油箱盖扭矩限制器功能良好	
7	后部车灯	检查安装状况	车灯安装牢固	
		检查是否损坏和有污垢	车灯完好无损、无污垢	
8	备用轮胎	检查是否有裂纹和损坏	车轮清洁，胎面无气鼓、裂伤、损坏	
		检查是否嵌入金属颗粒或其他异物	轮胎无嵌入金属颗粒或其他异物	
		测量胎面沟槽深度	按原厂规定花纹深度不小于 1.6mm	
		检查是否有异常磨损	轮胎无异常磨损	
		检查气压	轮胎气压标准按原厂规定	

（续表）

序号	检测部位	检测项目	技术要求	备　注
8	备用轮胎	检查是否漏气	气门嘴完好、轮胎不漏气	
		检查钢圈是否损坏或腐蚀	轮辋无变形、损坏和腐蚀	
9	车身和行李箱螺母和螺栓	检查行李厢盖铰链的螺栓和螺母是否松动	行李厢盖铰链所有的螺母及螺栓紧固牢靠	
10	后悬架	检查减震器的减震力	应符合原厂规定	按下车身松开后，感觉到车身回弹次数2～3次
		检查车辆倾斜度	应符合原厂规定，车体应周正	车体外缘左右对称部位高度差不得大于40mm
11	右后车门门控灯开关	检查工作情况（顶灯和车门指示器灯工作情况）	当顶灯开关打到“DOOR”位置时，门控灯开关控制顶灯有效	
12	右后车门车身螺母和螺栓	检查座椅安全带的螺栓和螺母是否松动	座椅安全带所有的固定座的螺母及螺栓紧固牢靠	
		检查座椅的螺栓和螺母是否松动	座椅所有的固定座的螺母及螺栓紧固牢靠	
		检查车门铰链的螺栓和螺母是否松动	车门铰链所有的螺母及螺栓紧固牢靠	
13	右前车门门控灯开关	检查工作情况（顶灯和车门指示器灯工作情况）	当顶灯开关打到“DOOR”位置时，门控灯开关控制顶灯有效	
14	右前车门车身螺母和螺栓	检查座椅安全带的螺栓和螺母是否松动	座椅安全带所有的固定座的螺母及螺栓紧固牢靠	
		检查座椅的螺栓和螺母是否松动	座椅所有的固定座的螺母及螺栓紧固牢靠	
		检查车门铰链的螺栓和螺母是否松动	车门铰链所有的螺母及螺栓紧固牢靠	
15	前部车灯	检查安装状况	车灯安装牢固	
		检查是否损坏和有污垢	车灯完好无损、无污垢	
16	前悬架	检查减震器的阻尼状态	应符合原厂规定	按下车身松开后，感觉到车身回弹次数2～3次
		检查车辆倾斜度	应符合原厂规定，车体应周正	车体外缘左右对称部位高度差不得大于40mm
17	发动机舱	检查发动机舱盖铰链螺栓和螺母是否松动	动机舱盖铰链所有的螺母及螺栓紧固牢靠	
		拆卸机油加注口盖	拆卸机油加注口盖	

项目四 4 汽车定期维护之汽车底部检查

项目单元一 汽车底部各总成件外部泄漏和安装件检查

学习目标

1．知识要点：

① 了解汽车底部各总成件外部泄漏和安装件检查的作用

② 了解汽车底部各总成件外部泄漏和安装件检查的工作内容和技术要求

2．技能要点：

掌握汽车底部各总成件外部泄漏和安装件的检查方法和技术要求

一、汽车底部各总成件外部泄漏和安装件检查的作用

汽车底部各总成件实际上就是底盘的各组成部分，汽车底盘接受发动机的动力，使汽车产生运动，由传动系、行驶系、转向系和制动系等组成。这些系统若出现故障将影响汽车的动力性、经济性和行驶安全性，甚至有可能导致严重事故。如传动系出故障，动力无法传递，制动系出故障，汽车就不能进行行车制动、应急制动和驻车制动等。须定期做汽车底部各总成件外部泄漏和安装件检查。

二、汽车底部各总成件外部泄漏和安装件检查的工作内容

1．发动机机油

（1）检查发动机外部是否漏油；（2）排放发动机机油。

2．手动变速器、驱动桥油

（1）检查手动变速器、驱动桥外部是否漏油；（2）检查手动变速器、驱动桥油位。

3．自动变速器油

（1）检查自动变速器外部是否漏油；（2）检查自动变速器油位

4．发动机皮带

（1）检查发动机皮带张紧度；（2）检查传动带的整个外围是否有磨损、裂纹、层离或者

其他损坏。

5．驱动轴防尘套

（1）检查驱动轴防尘套是否有裂纹和其他损坏；（2）检查驱动轴防尘套卡箍是否安装牢固；（3）检查驱动轴防尘套外部润滑脂是否渗漏。

6．检查转向传动机构

（1）检查转向传动机构是否松动和摆动；（2）检查转向传动机构是否有弯曲和损坏；（3）检查球节防尘罩是否损坏。

7．动力转向油液

（1）检查动力转向液是否渗漏。重点检查齿轮箱、Ps 叶轮泵、液体管路和连接点；（2）检查动力转向 Ps 软管是否有裂纹和其他损坏。

8．制动管路

（1）检查制动管路连接部分是否有液体渗漏；（2）检查制动管路是否有凹痕或者其他损坏；（3）检查制动管路软管是否有扭曲、磨损、开裂、隆起等；（4）检查制动管路安装状况。

9．燃油管路

（1）检查燃油管路是否渗漏；（2）检查燃油管路是否损坏。

10．排气管道及安装件

（1）检查排气管、消声器、垫片是否损坏；（2）检查排气管支架上的 O 型圈是否损坏或者脱离；（3）检查排气管是否渗漏。

11．悬架检查

（1）检查转向节、减震器、螺旋弹簧、稳定杆、下臂和拖臂和桥梁是否损坏；（2）检查减震器是否漏油；（3）检查悬架接头上的连接衬套是否磨损或者有裂纹和摆动。

12．发动机机油滤清器更换

13．发动机机油排放塞更换

三、汽车底部各总成件外部泄漏和安装件的检查方法和技术要求

（一）发动机机油

1．检查发动机外部是否漏油

发动机机油消耗的原因除了在发动机工作中随燃油燃烧正常消耗外，也有可能是发动机外部漏油造成的。须做发动机外部油液泄漏检查。

在汽车底部主要检查发动机各部位的配合表面、油封、排放塞等，如图 4-1-1 所示。

2．排放发动机旧机油

发动机机油使用后会变质，或者即使没有使用也会变质。由于发动机机油去除了发动机中的污垢和油污，它会变脏，然后变黑。一般很难从视觉上去判断发动机机油的消耗情况，须依据汽

车行驶的里程或时间定期给发动机更换机油。一般汽油发动机每行驶5000km或6个月更换机油。

在换机油时，要将旧机油彻底放净，没有更换机油而连续加注发动机新机油会导致机油品质下降。在汽车底部进行发动机机油排放，如图4-1-2所示。

（二）手动变速器、驱动桥油

1．检查手动变速器、驱动桥外部是否漏油

一般手动变速器、驱动桥油不会随着行驶里程的增加而发生油量减少。油液的减少无一例外都是由于漏油造成的。须做手动变速器、驱动桥外部油液泄漏检查。

在汽车底部检查手动变速器、驱动桥外部的壳接触面、轴和拉索伸出的区域、油封、排放塞和加注塞等是否漏油，如图4-1-3所示。

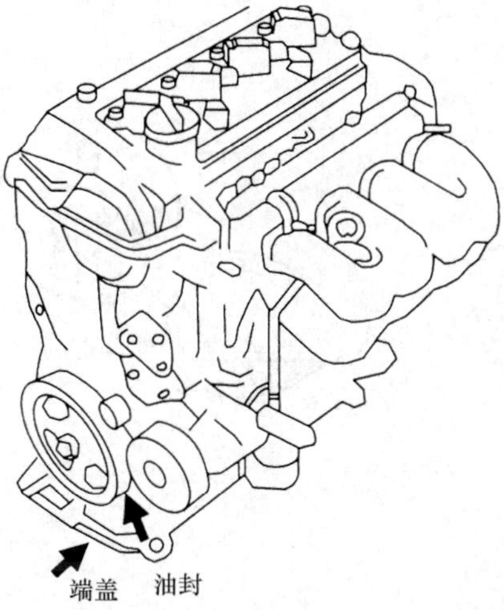

图4-1-1 检查发动机各部位油液泄漏示意图

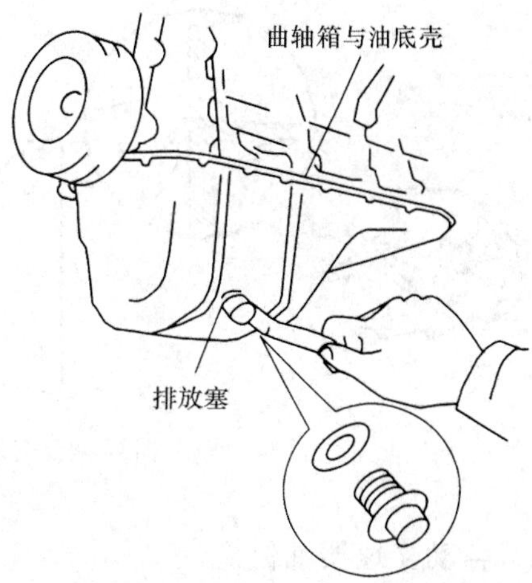

图4-1-2 发动机机油排放塞示意图

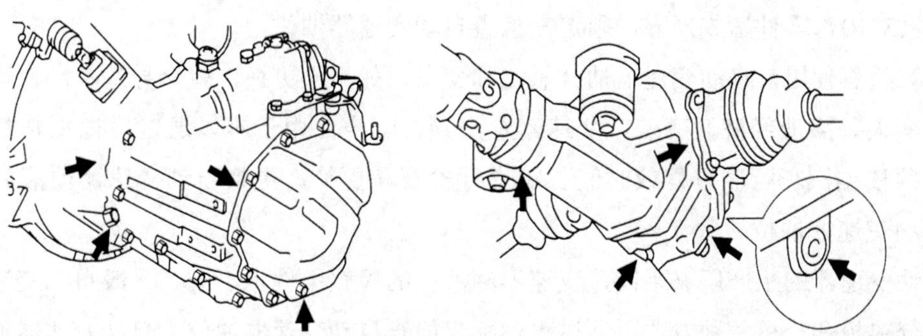

图4-1-3 变速器、驱动桥外部的壳接触面、轴和拉索伸出的区域、油封、排放塞和加注塞示意图

2．手动变速器、驱动桥油位

（1）给手动变速器、驱动桥添加指定数量的润滑油。如果没有按指定数量添加润滑油，就会对内部零件造成损害。须定期检查油位。

（2）随着使用，手动变速器、驱动桥油会氧化和变质，如果不更换油，它会形成氧化剂加速各种零件的磨损。由于难以通过目视来判断变质程度，须依据汽车行驶里程或时间长短进行检查和更换。更换手动变速器、驱动桥油液后，须立即检查油位。

在汽车底部进行手动变速器、驱动桥油位检查，如图 4-1-4 所示。

（三）自动变速器油

1．检查自动变速器外部是否漏油

自动变速器油不会随着行驶里程的增加而发生油量减少。油液的减少无一例外都是由于漏油造成的。须定期对自动变速器外部和管道、软管接头处油液泄漏进行检查。

在汽车底部检查自动变速器外部的壳接触面、轴和拉索伸出的区域、油封、排放塞、加注塞和管道、软管接头等是否漏油。

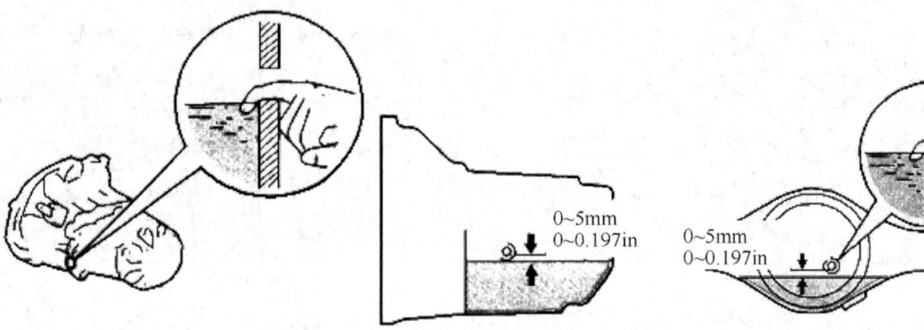

图 4-1-4　变速器、驱动桥油位检查示意图

2．自动变速器油位检查

（1）给自动变速器添加指定数量的自动变速器油。如果没有按指定数量添加自动变速器油，就会对内部零件造成损害。须定期检查自动变速器油位。

（2）随着使用，自动变速器油会氧化和变质，如果不更换，就会导致自动变速器换挡时的冲击变大、燃油经济性变差、变速器发出异常噪声。由于难以通过目视来判断油的变质程度，须依据汽车行驶里程或时间长短进行检查和更换。更换自动变速器油液后，须立即检查自动变速器油位。

自动变速器的生产厂家不同，变速器油液位的检查条件也不同。一般自动变速器油的油位检查分热机和冷机两种方式。通过量油标尺检查自动变速器油位。自动变速器油标尺刻有 COOL（冷）和 HOT（热）两个范围。

冷机方式是在自动变速器常温状态时，通过量油标尺指示自动变速器油位作参考用。油位在油标尺上的刻度 COOL（冷）的范围内。

热机方式是在自动变速器热态时，检查自动变速器油位高度。以热机方式检查的自动变速器油位为准，如图 4-1-5 所示。

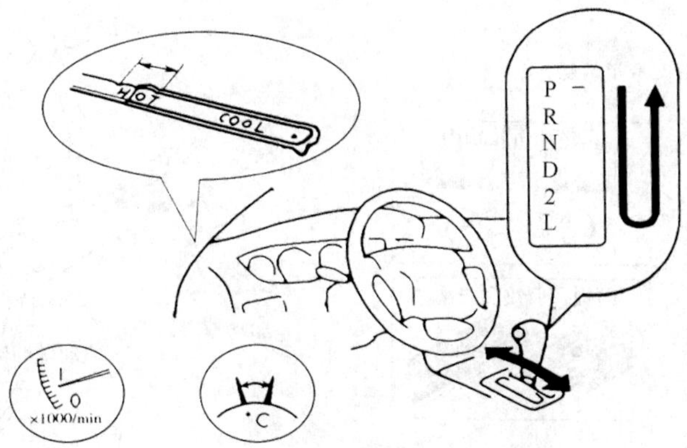

图 4-1-5　自动变速器油位检查示意图

正确的液位高度必须处于 HOT 的范围内，如图 4-1-6 所示。

（四）发动机传动带

发动机传动带将曲轴的旋转运动传递到发电机、水泵、动力转向油泵和空调压缩机等装置，使这些装置能正常工作，如发动机传动带损坏和松弛都会影响到汽车的正常行驶。

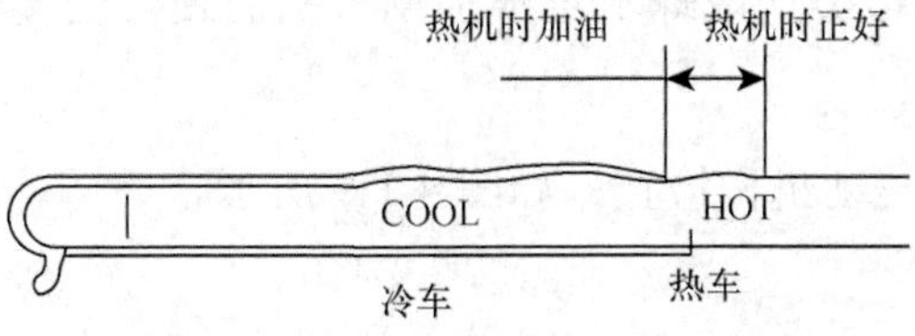

图 4-1-6　自动变速器油标尺示意图

在汽车底部进行发动机传动带的检查。（1）检查发动机皮带张紧度；（2）检查传动带的整个外围是否有磨损、裂纹、层离或者其他损坏。

（五）驱动轴防尘套

1．检查驱动轴防尘套是否有裂纹、其他损坏和驱动轴防尘套卡箍安装是否牢固

检查驱动轴属于车辆正常保养必不可缺的项目。驱动轴（半轴）是差速器与驱动轮之间传递扭矩的实心轴，其内端通过花键与差速器半轴齿轮连接，外端与轮毂连接，内外端都装有防尘套。驱动轴防尘套由卡箍安装固定。

2．检查驱动轴防尘套外部润滑脂渗漏

驱动轴防尘套内充填着起到润滑作用的润滑脂。防尘套一旦破损，润滑脂飞溅和泥水进入，就失去润滑和防尘作用。须定期做驱动轴防尘套检查。

在汽车底部进行驱动轴防尘套检查，如图 4-1-8 所示。

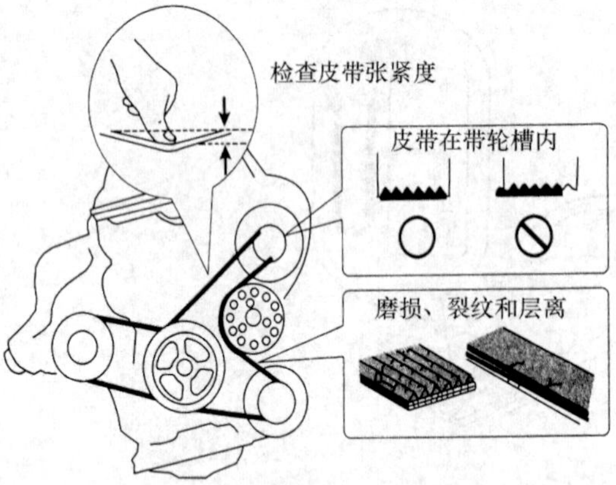

图 4-1-7　发动机皮带检查示意图

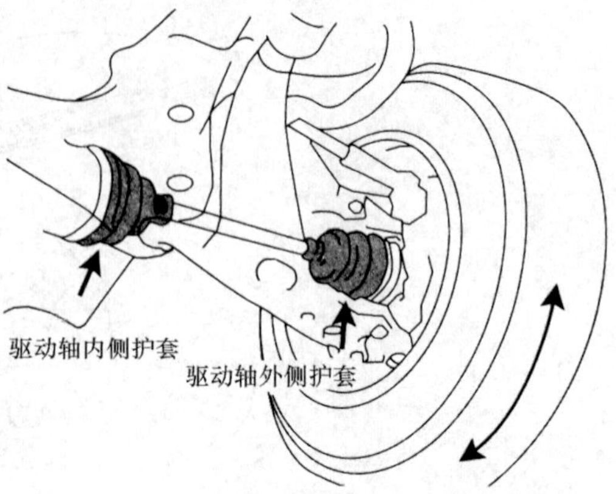

图 4-1-8　检查驱动轴防尘套示意图

（六）转向传动机构

汽车转向系统对汽车的行驶安全至关重要，转向系由转向盘、转向器和转向传动机构组成。若转向系统不正常，例如转向传动机构松动、摆动、弯曲或不正常时，车辆不能直线行驶或转向轨迹与正常相比变大或变小。

另外，球节防尘罩损坏会造成球节磨损加剧，从而使转向传动机构松动和摆动。须做定期检查。

在汽车底部进行转向传动机构检查，如图 4-1-9 所示。

（七）动力转向油液

为了减轻汽车驾驶员操作的疲劳强度，减少路面对转向盘的震动响应，现代轿车普遍采用动力转向系统，是在机械转向系统的基础上加设一套依靠输出发动机动力（压缩空气、电力和液压）的转向加力装置而形成的。现代轿车动力转向系统大多数采用的动力源为液压的齿轮条式动力转向机构。由转向油泵产生的压力油液总是在动力转向系统内流动，尤其是在转向时，压力油液的压力会更大，动力转向系统泄漏是常见的问题。须定期做动力转向系统泄漏检查。

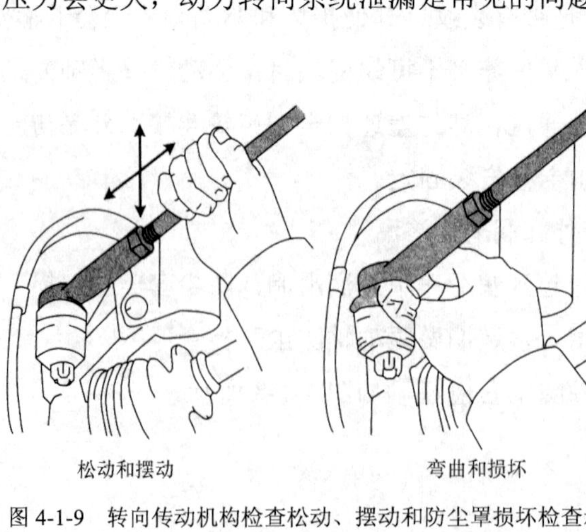

图 4-1-9　转向传动机构检查松动、摆动和防尘罩损坏检查示意图

在汽车底部进行动力转向系统泄漏和 Ps 软管是否有裂纹和其他损坏检查，如图 4-1-10 所示。

（八）制动管路

1．制动系，是汽车上最重要的系统之一。它的作用是按照需要使汽车减速或在最短的距离内停车，（使汽车）在保证安全的前提下尽量发挥出高速行驶的性能。制动管路是制动系的组成部分，为制动系统输送压力油液。如果制动管路有故障，会导致极端危险的情况，对制动系统进行检查维护是必要的。

2．在汽车底部进行制动管路液体渗漏、损坏和安装情况检查，如图 4-1-11 所示。

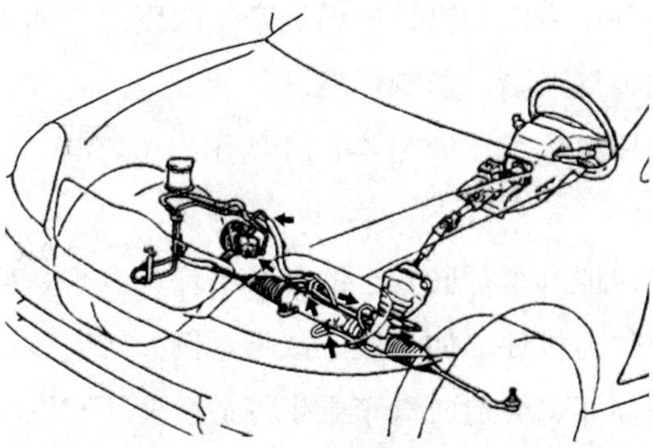

图 4-1-10　动力转向油液系统示意图

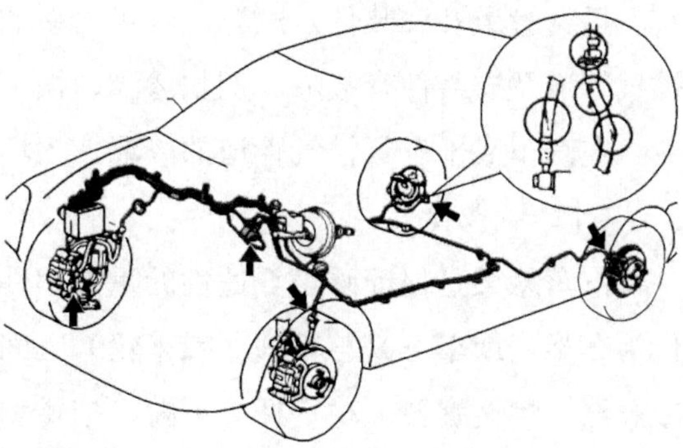

图 4-1-11　制动管路示意图

（1）检查制动管路连接部分是否有液体渗漏。

（2）检查制动管路是否有凹痕或者其他损坏。

（3）检查制动管路软管是否有扭曲、磨损、开裂、隆起等现象。

（4）检查制动管路安装状况。

检查制动管道和软管，手动转动轮胎直到方向盘被完全转向一侧。确保车辆运动时，或者转向盘完全转动到任何一侧时，制动管线不会因为震动而与车轮或者车身接触。如图 4-1-12 所示。

（九）燃油管路

汽车燃油管路是汽车燃料供给系的组成部分，为发动机的工作，输送燃油。如果燃油管路有故障，例如渗漏或损坏将影响发动机的正常工作，甚至会发生自燃事故。须做定期检查。

在汽车底部进行燃油管路泄漏和其他损坏检查，如图 4-1-13 所示。

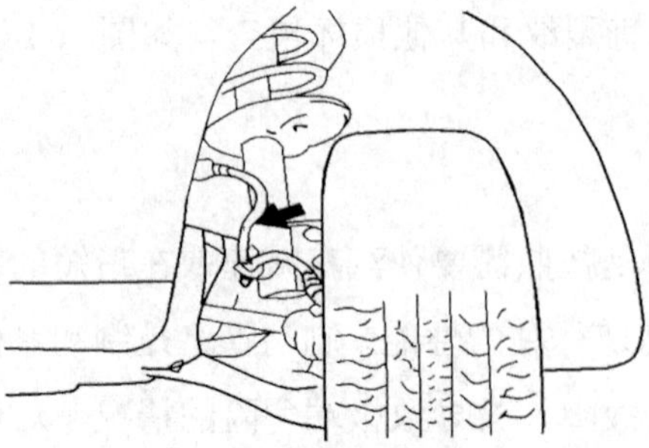

图 4-1-12　制动管路安装状况示意图

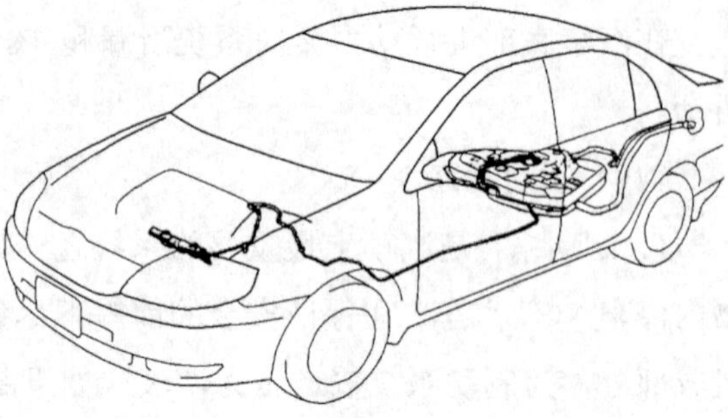

图 4-1-13　燃油管路安装状况示意图

（十）排气管道及安装件

排气管道及安装件是汽车燃料供给系的组成部分，为发动机排出燃烧产生的废气。如果排气管道及安装件有故障，例如渗漏、损坏会造成废气泄漏，影响环境。

在汽车底部进行排气管道的渗漏、损坏及安装情况检查，如图 4-1-14 所示。

（十一）悬架

汽车悬架是保证乘坐舒适性的重要部件，也是保证汽车行驶安全的重要部件。汽车悬架作为车架（或车身）与车轴（或车轮）之间连接的传力机件，如果发生故障，例如转向节、减震器、螺旋弹簧、稳定杆、下臂、拖臂和桥梁的损坏。会造成汽车乘坐舒适性变坏和汽车操纵稳定性差。须定期检查。

1．在汽车底部按图 4-1-15 所示，进行转向节、减震器、螺旋弹簧、稳定杆、下臂、拖臂和桥梁的检查。

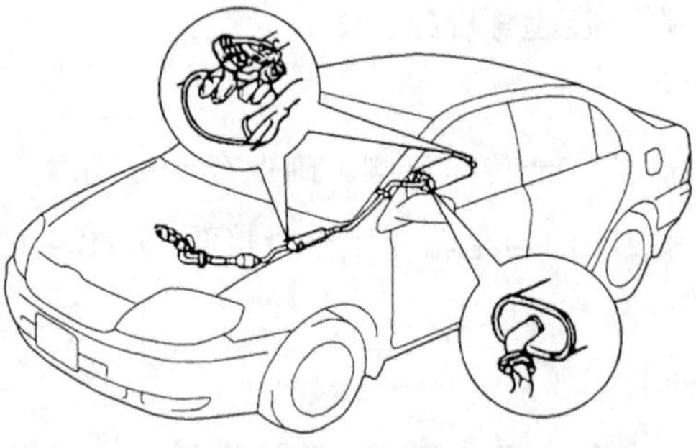

图 4-1-14　排气管道及安装检查示意图

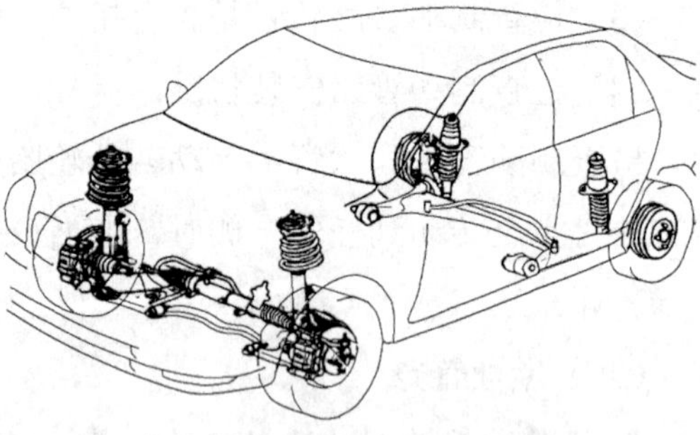

图 4-1-15　汽车悬架结构示意图

2．检查减震器损坏和漏油

减震器内部是盛满油液的，一旦发现有漏油现象，说明减震器损坏，如图 4-1-16 所示。

3．检查悬架接头上的连接衬套是否磨损或者有裂纹和摆动，如图 4-1-17 所示。

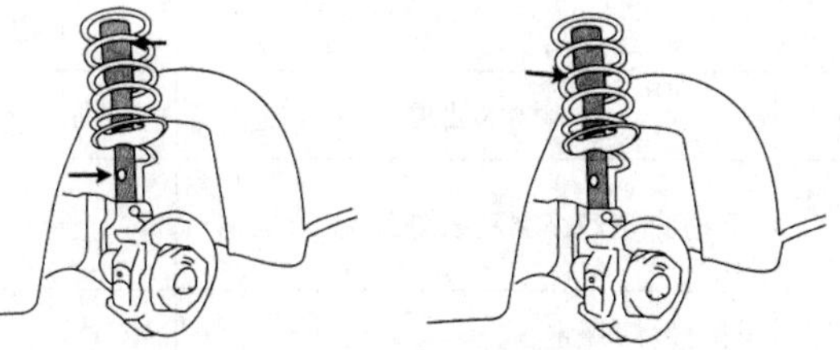

图 4-1-16　悬架检查示意图

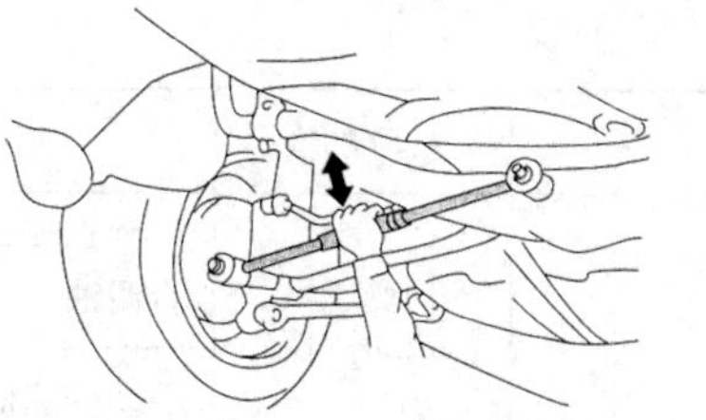

图 4-1-17　悬架接头连接摆动检查示意图

（十二）发动机机油滤清器更换

1．发动机机油滤清器是发动机润滑系统的重要组成部分，发动机工作时，机油从机油滤清器滤芯的细孔通过，把油中的固体颗粒和黏稠物积存在滤清器中。如滤清器堵塞，机油则不能顺畅通过滤芯，会胀破滤芯或打开安全阀，从旁通阀通过，仍把脏物带回润滑部位，使得发动机磨损加快，内部的污染加剧。因此发动机机油滤清器须定期更换。机油滤清器可在换机油时与机油一并更换。

2．在汽车底部进行发动机机油滤清器更换，如图 4-1-18 所示。

（十三）发动机机油排放塞更换

安装一个新的垫片和排放塞，如图 4-1-19 所示。

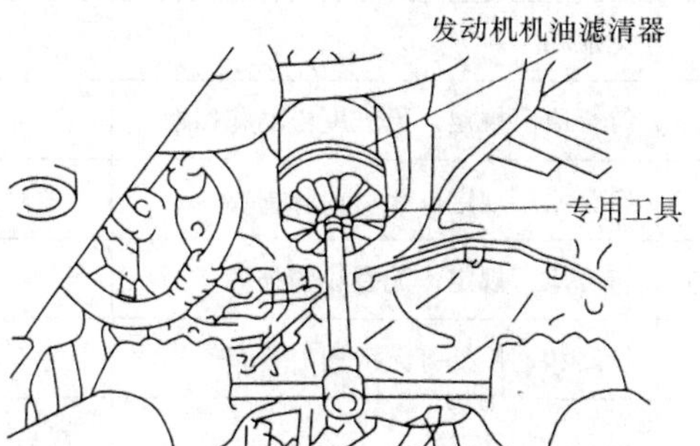

图 4-1-18　发动机机油滤清器更换示意图

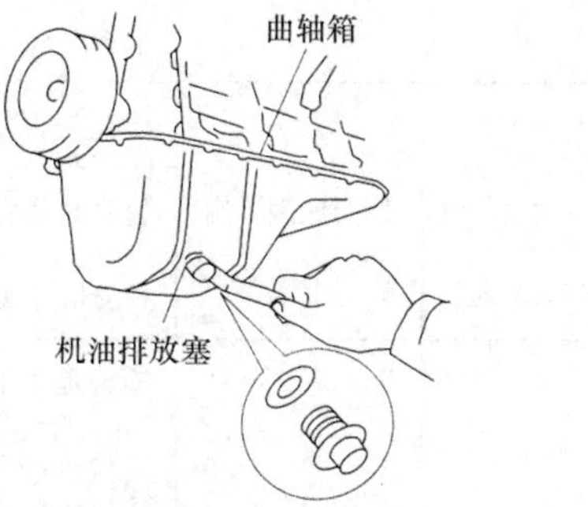

图 4-1-19　安装垫片和排放塞示意图

表 4–1–1　　检查汽车底部各总成件外部泄漏和安装件的工作表

维护项目作业顺序及项目作业技术要求				
检查汽车底部各总成件外部泄漏和安装件				
序号	检测部位	检测项目	技术要求	备　注
1	发动机机油（排放）	检查是否漏油（发动机各部位的配合表面）	发动机各部位的配合表面无泄漏	
		检查是否漏油（油封）	发动机各油封无泄漏	
		检查是否漏油（排放塞）	发动机机油排放塞无泄漏	
		排放发动机机油	排放发动机旧机油	

（续表）

序号	检测部位	检测项目	技术要求	备注
2	手动变速器、驱动桥油	手动变速器、驱动桥外部是否漏油	手动变速器、驱动桥外部无泄漏	
		手动变速器、驱动桥油位。	符合原厂规定	
3	自动变速器油	检查自动变速器外部是否漏油	自动变速器外部无泄漏	
		自动变速器油位	符合原厂规定	
4	传动带	检查是否变形	无变形	
		检查是否损坏（磨损、裂纹、脱层或其他损坏）	无龟裂和过量磨损，无裂纹、脱层或其他损坏和表面无油污	
		检查安装状况（传动带张力检查）	符合原厂规定	以 98N 压下，挠度为 3～5mm 正常
5	驱动轴护套	检查是否有裂纹、损坏（外侧）	无裂纹和损坏	
		检查是否有裂纹、损坏（内侧）	无裂纹和损坏	
		检查是否有泄漏（外侧）	无泄漏	
		检查是否有泄漏（内侧）	无泄漏	
6	转向连接机构	检查是否松动和摇摆	符合原厂规定，无过度松动和摇摆	
		检查是否弯曲和损坏	符合原厂规定，无弯曲和损坏	
		检查防尘套是否有裂纹和损坏	符合原厂规定，无裂纹和损坏	
7	制动管路	检查是否泄漏	管路和连接处等无泄漏	
		检查制动管路上的压痕或其他损坏	管路和连接处等无压痕或其他损坏	
		检查制动管路软管扭曲、裂纹和凸起	管路和连接处等无扭曲、裂纹和凸起	
		检查制动器管道和软管的安装状况（松旷）	安装紧固和牢靠。制动管线与车轮或车身不接触也不被拉得很紧	
8	燃油管路	检查燃油管路是否泄漏	管路和连接处等无泄漏	
		检查燃油管路是否损坏	管路无老化、裂损，接头无破损、渗漏，紧固可靠	
9	排气管和安装件	检查排气管是否损坏	排气歧管和消声器各部完好，衬垫齐全，无裂纹，无漏气，消声器性能良好，排气管固定可靠	排气歧管螺母拧紧力矩为 18～23Nm
		检查消声器是否损坏	消声器各部完好，衬垫齐全，无裂纹，无漏气，性能良好	

（续表）

序号	检测部位	检测项目	技术要求	备注
9	排气管和安装件	检查排气管吊挂是否损坏或脱落	排气管安装固定可靠	
		检查密封垫片是否损坏	密封垫片无损坏	
		检查排气管是否泄漏	排气管无泄漏	
10	悬架	检查是否损坏（转向节）	（1）减震器不漏油，各部紧固可靠，减震作用良好，缓冲防尘罩、各橡胶衬套无损坏、开裂；下摆臂球头、衬套完好，配合无松动 （2）各减震弹簧无损伤，定位可靠，钢板弹簧润滑良好 （3）各部件无变形、开裂，连接可靠 （4）前悬架减震器上自锁螺母拧紧力矩为 45～55Nm；前悬架上支座自锁螺母拧紧力矩为 15～22Nm，下摆臂与车架连接自锁螺母拧紧力矩为 80～108Nm；支撑杆与支架自锁螺母拧紧力矩为 45～60Nm	
		检查是否损坏（前减震器）	无损坏，定位可靠	
		检查是否损坏（后减震器）	无损坏，定位可靠	
		检查是否泄漏（前减震器）	无泄漏	
		检查是否泄漏（后减震器）	无泄漏	
		检查是否损坏（前减震器螺旋弹簧）	无损坏	
		检查是否损坏（后减震器螺旋弹簧）	无损坏	
		检查是否损坏（下臂）	无损坏	
		检查是否损坏（稳定杆）	稳定杆无凹陷、裂纹等其他损伤	
		检查是否损坏（拖臂和后桥）	无损坏	
11	发动机油排放塞、机油滤清器	更换排放塞衬垫	更换新排放塞衬垫	
		安装紧固排放塞	符合原厂规定	
		更换机油滤清器	符合原厂规定。机油滤清器在安装前应先注入机油并在密封衬垫上抹一层机油，总成安装可靠，拧紧力矩为 12～16Nm；密封良好（发动机预热后，猛踩加速踏板提速时，不应有渗油、漏油现象）	

项目单元二 汽车底部螺母和螺栓紧固检查

学习目标

1．知识要点：

① 了解汽车底部螺母和螺栓紧固检查的作用

② 了解汽车底部螺母和螺栓紧固检查的工作内容和技术要求

2．技能要点：

掌握汽车底部螺母和螺栓紧固的检查方法和技术要求

一、汽车底部螺母和螺栓紧固检查的作用

底盘是汽车的重要组成部分，直接关系到汽车的使用安全性、操控性、舒适性和经济性。汽车底盘的作用是支撑、安装汽车发动机及其各部件、总成，并接受发动机的动力，使汽车产生运动，保证正常行驶。车辆底盘是受力最大易造成螺母和螺栓松动和离地面最接近的部位，地表温度、沙石、雨雪泥污等都会对底盘造成损伤。须做定期检查维护。

二、底部螺母和螺栓紧固检查的工作内容

1．汽车底部底盘连接的螺母和螺栓紧固检查

2．在汽车底部进行前悬架螺母和螺栓紧固检查

3．汽车底部后悬架螺母和螺栓紧固检查

4．汽车底部其他螺母和螺栓紧固检查

三、汽车底部螺母和螺栓紧固的检查方法和技术要求

（一）汽车底部底盘连接的螺母和螺栓紧固检查

汽车底部底盘连接的螺母和螺栓紧固检查，如图 4-2-1 所示。

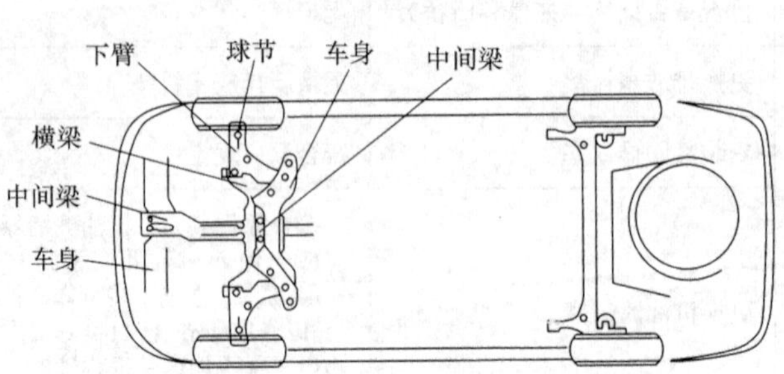

图 4-2-1　底盘连接的螺母和螺栓紧固检查示意图

1．中间梁和车身的连接螺母和螺栓紧固检查

2．中间梁和横梁的连接螺母和螺栓紧固检查

3．球节和下臂的连接螺母和螺栓紧固检查

4．横梁和车身的连接螺母和螺栓紧固检查

5．下臂和横梁的连接螺母和螺栓紧固检查

（二）汽车底部前悬架螺母和螺栓紧固检查

汽车底部前悬架螺母和螺栓紧固检查，如图 4-2-2 所示。

1．悬架臂和前悬架横梁的连接螺母和螺栓紧固检查

2．球节和悬架臂的连接螺母和螺栓紧固检查

3．前悬架横梁和车身的连接螺母和螺栓紧固检查

4．前制动卡钳和转向节的连接螺母和螺栓紧固检查

5．减震器和转向节的连接螺母和螺栓紧固检查

6．稳定杆和悬架臂的连接螺母和螺栓紧固检查

7．前悬架横梁和车身连接件的连接螺母和螺栓紧固检查

8．转向机壳和前悬架横梁的连接螺母和螺栓紧固检查

（三）转向横拉杆锁止螺母的紧固检查

转向横拉杆锁止螺母的紧固检查，如图 4-2-3 所示。

1．转向横拉杆的锁止螺母紧固检查

2．转向横拉杆端头和转向节的连接螺母和螺栓紧固检查

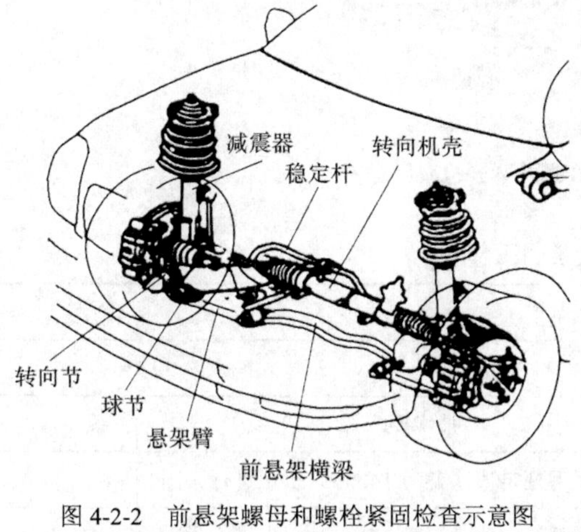

图 4-2-2　前悬架螺母和螺栓紧固检查示意图

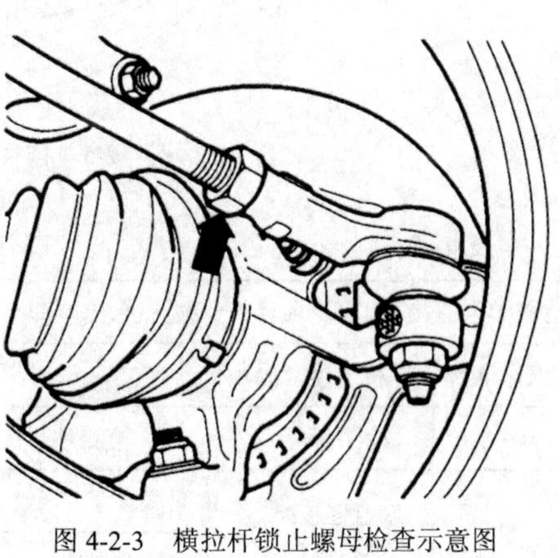

图 4-2-3　横拉杆锁止螺母检查示意图

（四）汽车底部后悬架螺母和螺栓紧固检查

汽车底部后悬架螺母和螺栓紧固检查，如图 4-2-4 所示。

1．拖臂和背板的连接螺母和螺栓紧固检查

2．后桥横梁总成和车身的连接螺母和螺栓紧固检查

3．制动分泵和背板的连接螺母和螺栓紧固检查

4．后减震器和后桥横梁总成的连接螺母和螺栓紧固检查

（五）汽车底部其他螺母和螺栓紧固检查

1．排气管螺母和螺栓紧固检查，如图 4-2-5 所示。

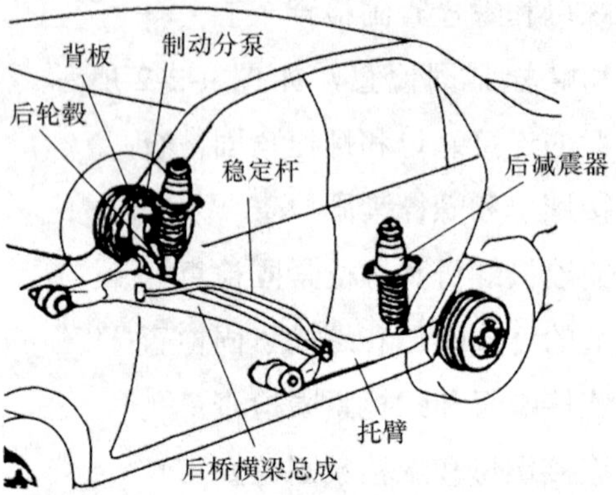

图 4-2-4　后悬架螺母和螺栓紧固检查示意图

2．燃油箱螺母和螺栓紧固检查。如图 4-2-5 所示。

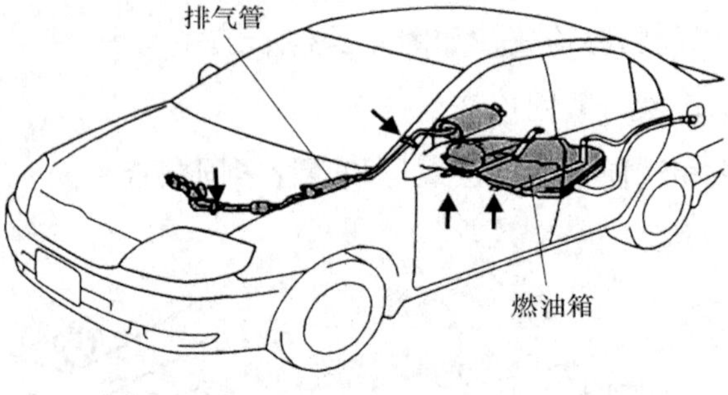

图 4-2-5　排气管和燃油箱螺母和螺栓紧固检查示意图

表 4–2–1　　汽车底部螺母和螺栓紧固工作表

维护项目作业顺序及项目作业技术要求				
汽车底部螺母和螺栓紧固项目				
序号	检测部位	检测项目	技术要求	备　注
1	底盘连接螺母和螺栓	中间梁和车身	用扭力扳手规定值（参考 14Nm）扭矩进行紧固	
		中间梁和横梁	用扭力扳手规定值（参考 17Nm）扭矩进行紧固	
2	（车辆底部）前悬架螺母和螺栓	悬架臂和前悬架横梁	用扭力扳手规定值（参考 127Nm）扭矩进行紧固	
		球节和悬架臂	用扭力扳手规定值（参考 89Nm）扭矩进行紧固	
		前悬架横梁和车身	用扭力扳手规定值（参考 132Nm）扭矩进行紧固	

（续表）

序号	检测部位	检测项目	技术要求	备　注
2	（车辆底部）前悬架螺母和螺栓	前制动卡钳和转向节	用扭力扳手规定值（参考 88Nm）扭矩进行紧固	
		减震器和转向节	用扭力扳手规定值（参考 132Nm）扭矩进行紧固	
		稳定杆和前悬架下臂	用扭力扳手规定值（参考 18Nm）扭矩进行紧固	
		前悬架横梁和车身连接件	用扭力扳手规定值（参考 47Nm）扭矩进行紧固	
		转向机壳和前悬架横梁	用扭力扳手规定值（参考 127Nm）扭矩进行紧固	
		横拉杆端头锁止螺母（检查）	手动检查（参考 47Nm）	
		横拉杆端头和转向节（检查）	手动检查（参考 33Nm）	
3	后悬架螺母和螺栓	拖臂和背板	用扭力扳手规定值（参考 52Nm）扭矩进行紧固	
		后桥横梁总成和车身	用扭力扳手规定值（参考 82Nm）扭矩进行紧固	
		制动分泵和背板	用扭力扳手规定值（参考 15Nm）扭矩进行紧固	
		后减震器和后桥横梁总成	用扭力扳手规定值（参考 49Nm）扭矩进行紧固	
4	其他螺母和螺栓	排气管和车身	用扭力扳手规定值（参考 43Nm）扭矩进行紧固	
		燃油箱和车身	用扭力扳手规定值（参考 25Nm）扭矩进行紧固	

项目五 车轮、轮胎和制动器检查

项目单元 车轮、轮胎和制动器检查

学习目标

1．知识要点：

① 了解车轮轴承、轮胎和制动器检查的作用

② 了解车轮轴承、轮胎和制动器检查的工作内容和技术要求

2．技能要点：

掌握车轮轴承、轮胎和制动器的检查方法和技术要求

进行车轮轴承、轮胎和制动器检查时，汽车举升位置，如图 5-1-1 所示。

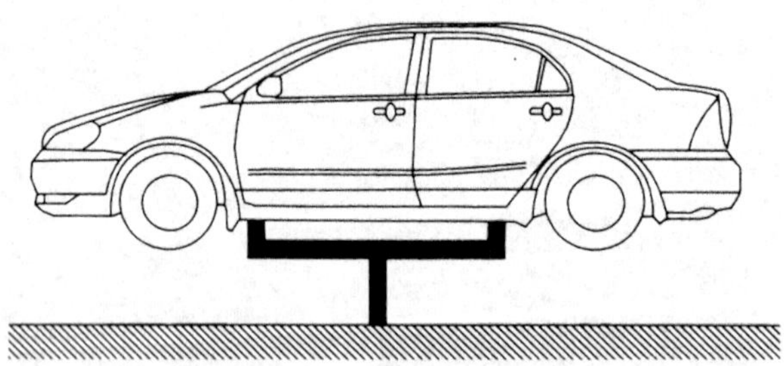

图 5-1-1　车轮轴承、拆卸轮胎和制动器检查时汽车举升位置示意图

一、车轮轴承检查

（一）车轮轴承检查的作用

车轮轴承的主要类型是滚锥形滚柱轴承，它可以承受径向和轴向负荷，并且由两个轴承的组合支撑车桥。锥形滚柱轴承应当进行预紧载荷调整。如果轴承过紧，没有间隙，它就无法运动。如果过松，间隙过大，会使车轮晃动。另外，随着汽车的正常行驶，也会引起车轮轴承正常和非正常的磨损，必定要破坏轴承的表面硬度，使间隙变大，从而威胁到车辆的安

全性、稳定性，所以必须进行定期维护。

（二）车轮轴承检查的工作内容

1．检查车轮轴承摆动

2．检查车轮轴承转动状况和噪声

（三）车轮轴承的检查方法和技术要求

1．检查车轮轴承摆动

用手检查车轮轴承是否有摆动。如有摆动可能车轮轴承间隙过大，如图 5-1-2 所示

2．检查车轮轴承转动状况和噪声

用手检查车轮转动时车轮轴承是否有任何噪声以及能否平稳转动。如车轮有摆动或转动状况不良、有噪声，并不一定是轴承损坏，也可能是制动系统存在问题，所以必须排除制动系统出现问题的可能，才能进一步检查轴承，如图 5-1-2 所示。

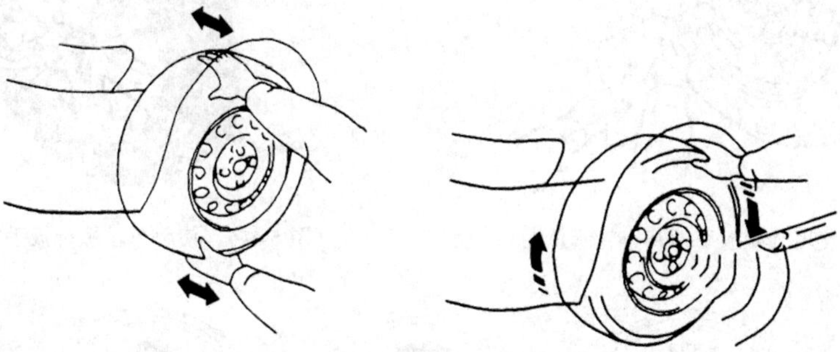

图 5-1-2　车轮轴承检查示意图

二、轮胎检查

（一）轮胎检查的作用

轮胎是汽车行驶系的重要部件，轮胎的气压，轮胎龟裂、损伤和有金属嵌进物及其他异物，轮胎花纹的深度、异常磨损和轮圈和轮盘的损坏或腐蚀、变形等，都会对汽车安全性和舒适性产生很大影响。另外，四个车轮的轮胎的气压不一致，会造成汽车行驶跑偏。须定期检查。

（二）轮胎检查的工作内容

1．检查轮胎气压

2．检查轮胎有无金属嵌物及其他异物

3．检查胎壁和胎面有无裂纹、割痕、龟裂或其他损坏

4．检查轮胎花纹的深度、异常磨损

5．检查轮圈和轮盘的损坏或腐蚀、变形

（三）轮胎检查的方法和技术要求

检查轮胎可以采用就车和离车两种检查方式，在定期维护检查轮胎时，采取离车检查

方式。使用气动扳手拆卸车轮，如图 5-1-3 所示。使用车轮螺母扳手拆卸车轮，如图 5-1-4 所示。

注：拆卸轮毂螺母的方法

拆卸轮毂螺母应按指定的顺序进行，因为有必要均匀地进行拆卸，如图 5-1-5 所示。

1．检查轮胎气压

（1）轮胎气压过低会导致不正常磨损或轮胎内部损伤，轮胎气压过高则会使得轮胎及轮圈较易受到不平路面的冲击而变形，甚至会导致爆胎。轮胎气压须做日常检查和定期检查。

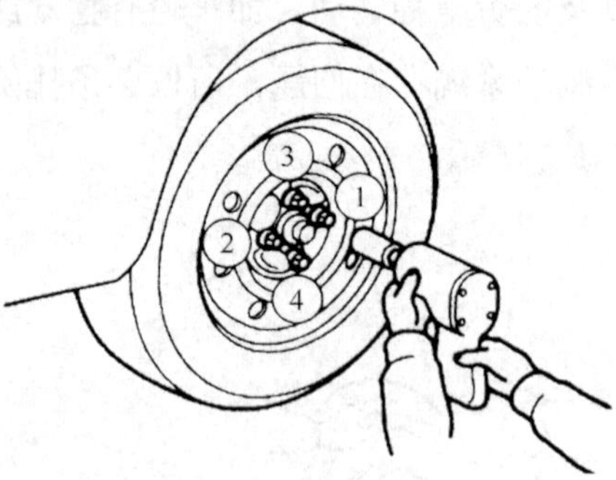

图 5-1-3　使用气动扳手拆卸车轮示意图

图 5-1-4　使用车轮螺母扳手拆卸车轮示意图

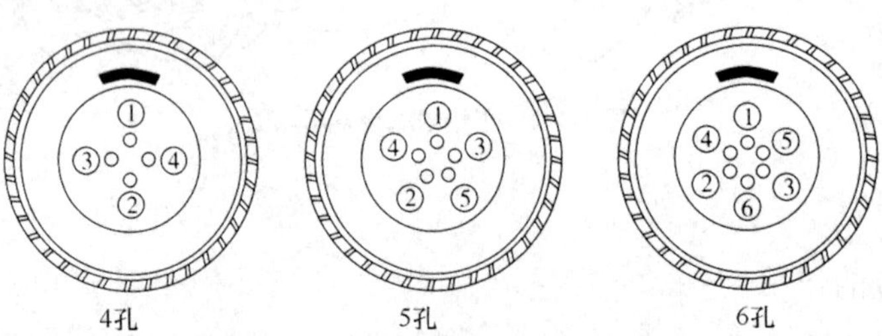

图 5-1-5　拆卸轮毂螺母的方法示意图

（2）用轮胎气压表检查轮胎气压，如图 5-1-6 所示。轮胎标准气压值表在驾驶员侧门内侧的后部。轮胎标准气压值为 200～230kPa。随不同车型而异。

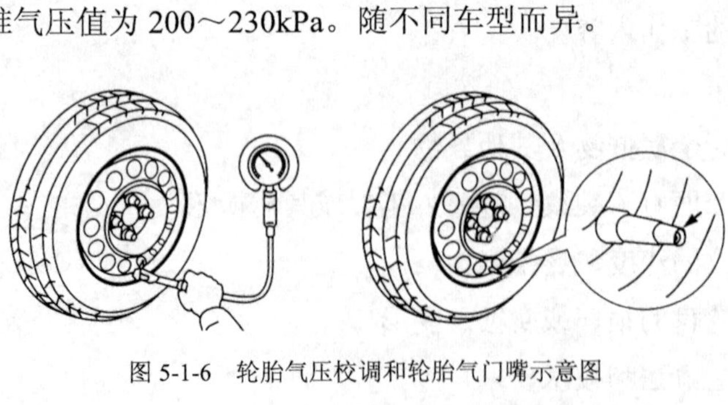

图 5-1-6　轮胎气压校调和轮胎气门嘴示意图

（3）检查气压后，通过在气门周围涂肥皂水的方法检查是否漏气。并确认安装上轮胎气门嘴盖，没有气门嘴盖，灰尘或湿气将进入气门芯并导致漏气。

2．检查轮胎有无金属嵌物及其他异物

轮胎有金属嵌物及其他异物，容易发生瘪胎，轮胎容易爆裂，有可能造成轮胎损坏，引起严重的交通事故。

3．检查胎壁和胎面有无裂纹、割痕、龟裂或其他损坏，如图 5-1-7 所示。

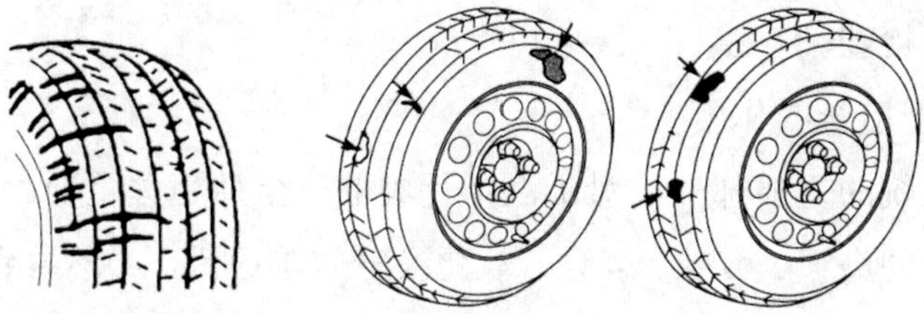

图 5-1-7 轮胎龟裂、损伤示意图

4．检查轮胎花纹的深度、异常磨损

轮胎花纹的深度磨耗至 1.6mm（毫米）或少于此值时会导致轮胎轻易滑动，尤其是高速行驶在潮湿的地面时，轮胎不能排水，会在水面滑动（滑水效应），导致车辆失控，有可能造成严重的交通事故。轮胎花纹的深度磨耗情况，如图 5-1-8 所示。如果轮胎胎面磨耗至 4mm（毫米）以下，则雪地胎的功能消失。

检查轮胎花纹的深度有几种方法。（1）可以使用直尺测量胎面沟槽深度值；（2）使用轮胎深度规测量胎面沟槽深度值，如图 5-1-9 所示；（3）可以通过观察与地面接触的轮胎表面的胎面磨耗指示标记来检查胎面沟槽深度，如图 5-1-10 所示。

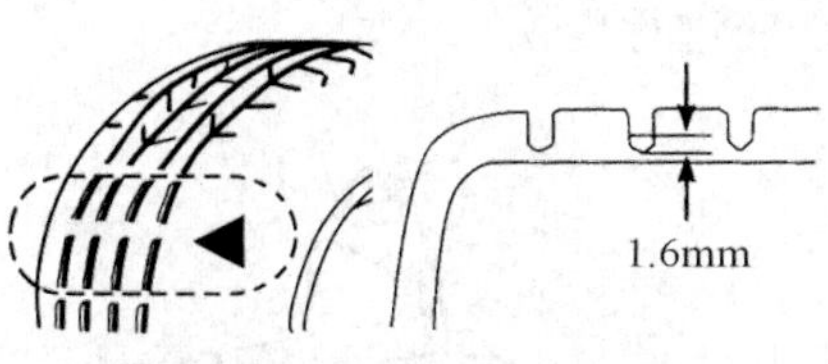

图 5-1-8 轮胎胎面沟槽深度示意图

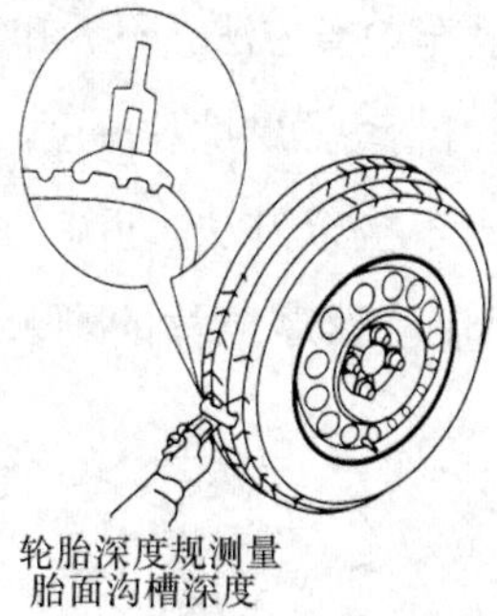

图 5-1-9 轮胎深度规测量胎面沟槽深度示意图

5．检查轮圈和轮盘的损坏或腐蚀、变形

轮圈和轮盘的损坏、腐蚀、变形和跳动会造成车轮的不平衡，将影响车辆的操作稳定性和轮胎的使用寿命。目视检查轮圈和轮盘的损坏、腐蚀、变形，如图 5-1-11 所示。

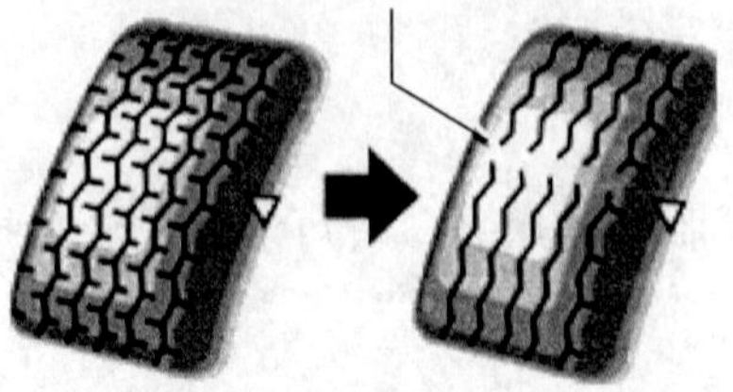

图 5-1-10　胎面磨耗指示标记示意图

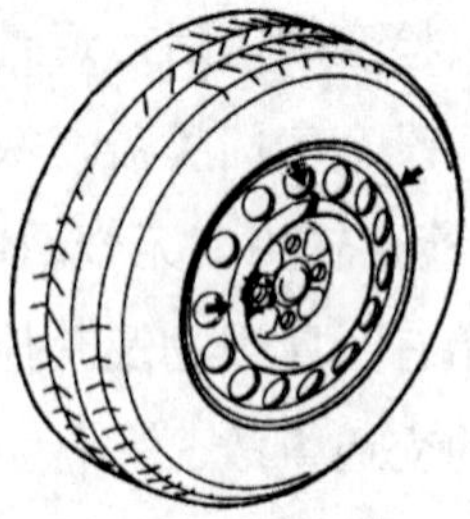

图 5-1-11　轮圈和轮盘的损坏或腐蚀、变形示意图

三、盘式制动器检查

（一）盘式制动器检查的作用

制动器是制动系统的重要部件，对于汽车行驶的安全性至关重要。汽车在使用过程中，由于制动器构成部件的磨损、疲劳、老化、氧化及分解等原因，必然导致系统技术性能下降，只有通过定期、强制维护和必要的修理，才能维持其正常的技术性能。须定期对制动系统进行检查和保养才能保证制动系统的正常工作，进而保证行驶安全。

（二）盘式制动器检查的工作内容

小型汽车多采用“前盘后鼓”的制动方式。由于现在使用的盘式和鼓式制动器均装有制动蹄片间隙自动调整装置，因此，车轮制动器在使用中，一般不需要调整蹄片间隙。

维护时，盘式制动器重点检查：

1．制动器摩擦片磨损和损坏（摩擦片厚度和损坏检查）。

2．制动盘磨损和损坏（制动盘厚度、制动盘跳动、制动卡钳制动液泄漏）。

（三）制动器检查方法和技术要求

制动器摩擦片厚度检查有不同的方法：

1．就车检查方法。不拆卸制动器，使用直尺测量外制动器摩擦片厚度。再通过制动卡钳的检查孔目测内制动器摩擦片厚度，确定其与外制动器摩擦片厚度没有明显的偏差，如图 5-1-12 所示。

2．离车检查方法。拆卸制动器，使用直尺直接测量内外制动器摩擦片厚度，如图 5-1-13 所示。当制动器摩擦片的剩余厚度不足 1.0mm 时，应进行更换。

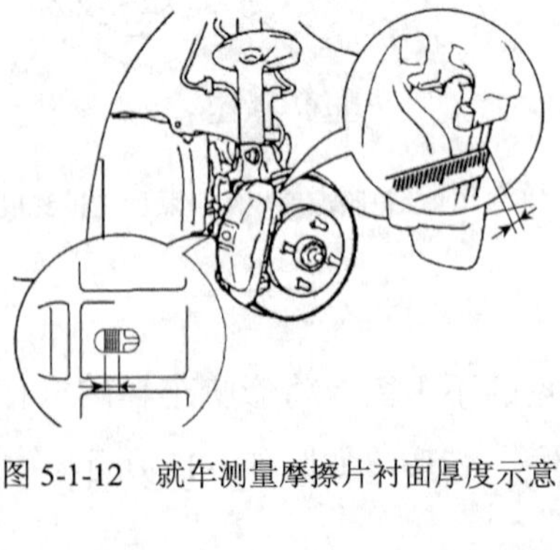

图 5-1-12　就车测量摩擦片衬面厚度示意图

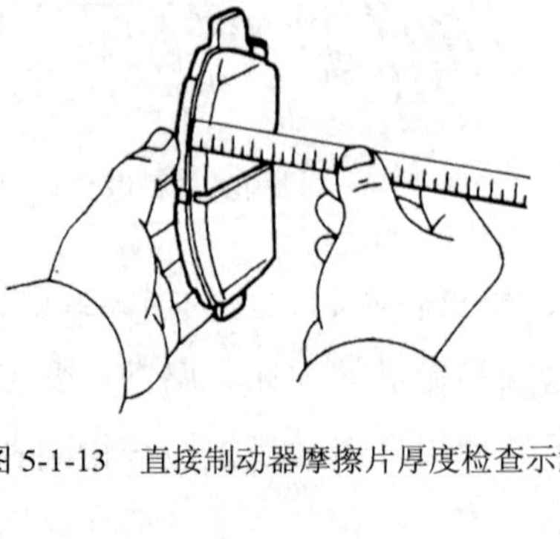

图 5-1-13　直接制动器摩擦片厚度检查示意图

3．检查制动盘厚度

制动盘随着车辆行驶也会磨损，当制动盘磨损到一定程度后，会使制动盘刚度和强度降低，造成制动器失效。必须检查制动盘厚度，如图 5-1-14 所示。

4．制动盘磨损和损坏检查

检查制动盘上是否有刻痕、不均匀或者异常磨损以及裂纹和其他损坏，如图 5-1-15 所示。

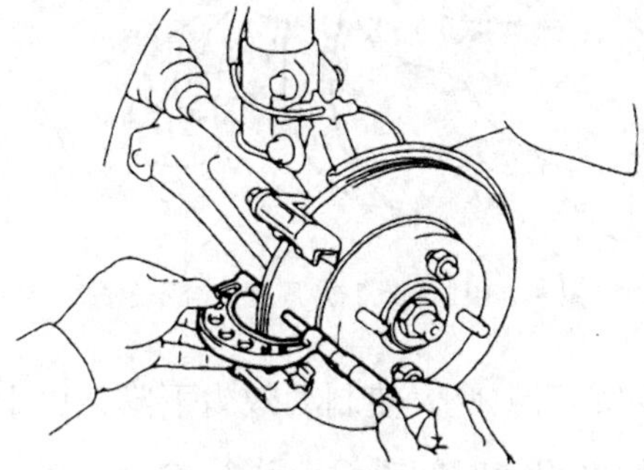

图 5-1-14　用外径千分尺测量制动盘厚度示意图

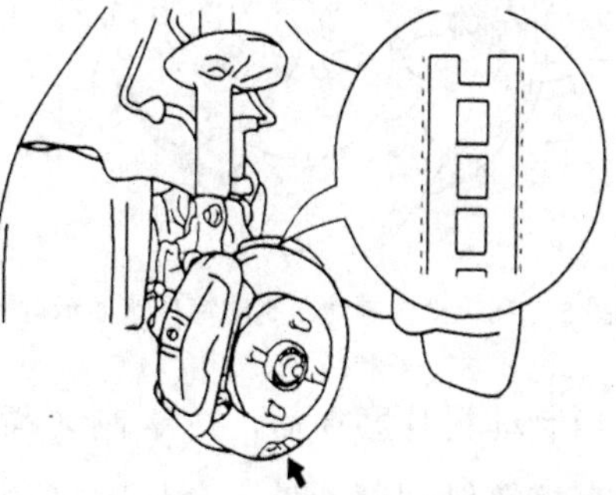

图 5-1-15　制动卡盘损坏检查示意图

5．制动盘跳动检查

如果制动盘出现任何分段、不均匀或者异常磨损，说明制动盘跳动。使用一个百分表测量制动盘跳动，如图 5-1-16 所示。

6．制动卡钳制动液泄漏检查

检查制动卡钳中是否有制动液体渗出，如图 5-1-17 所示。

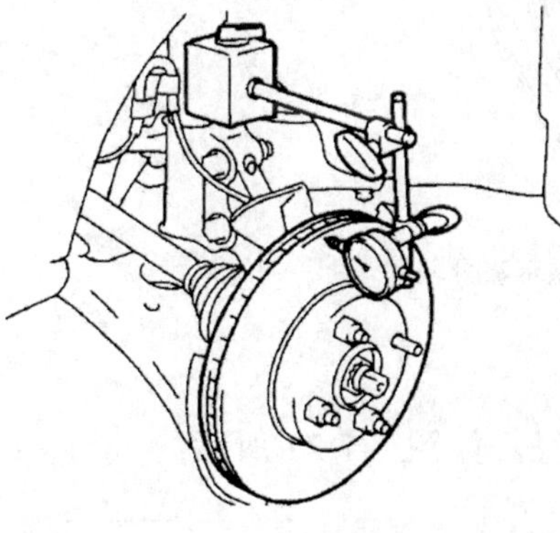

图 5-1-16　用百分表测量制动盘跳动示意图

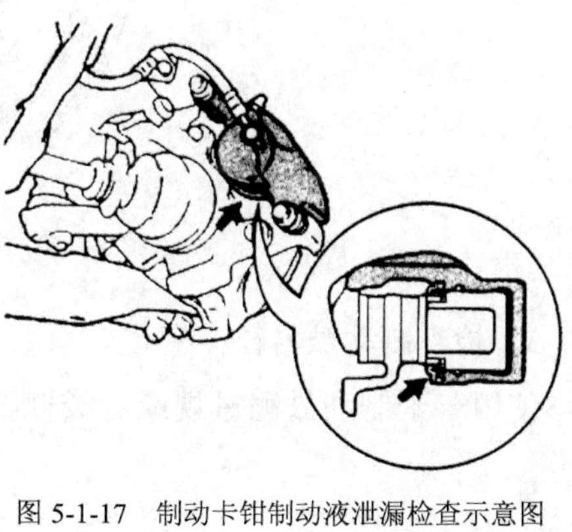

图 5-1-17　制动卡钳制动液泄漏检查示意图

四、鼓式制动器检查的方法和技术要求

鼓式制动器重点检查制动器摩擦片磨损和损坏（摩擦片厚度和损坏检查）、制动盘磨损和损坏（制动盘厚度、制动盘跳动、制动分泵中液体泄漏）等。

1．检查制动器制动蹄片移动是否顺利，如图 5-1-18 所示。

2．检查制动蹄片与背板和固定件之间的接触面磨损是否生锈。

3．检查制动蹄片厚度，如图 5-1-19 所示。

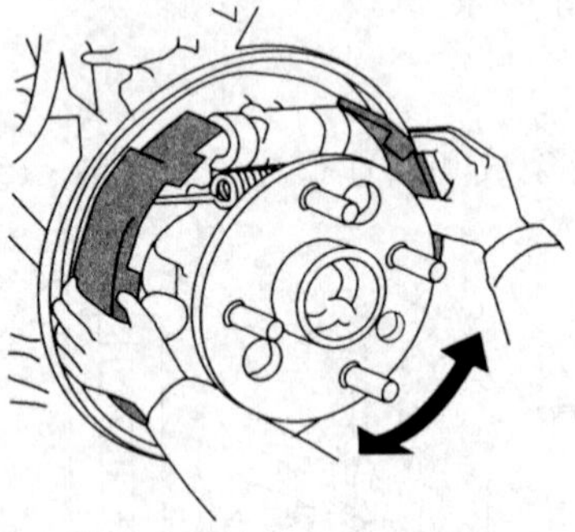

图 5-1-18　检查制动器制动蹄片移动示意图

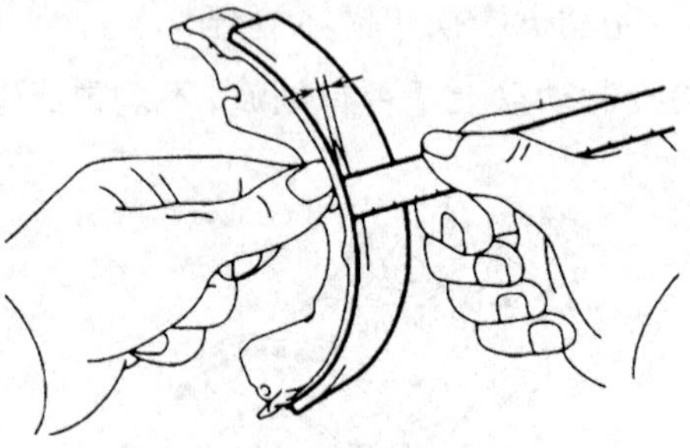

图 5-1-19　制动蹄片厚度检查示意图

当制动衬片磨损后，由于制动蹄片和制动鼓之间的间隙变大使制动效力下降。由于制动蹄片直接接触到制动鼓，会损害制动鼓。根据行驶的里程或时间长短，进行检查、更换。当衬片的剩余厚度少于 1.0mm 时，进行更换。

4．检查车轮制动分泵液体泄漏，如图 5-1-20 所示。

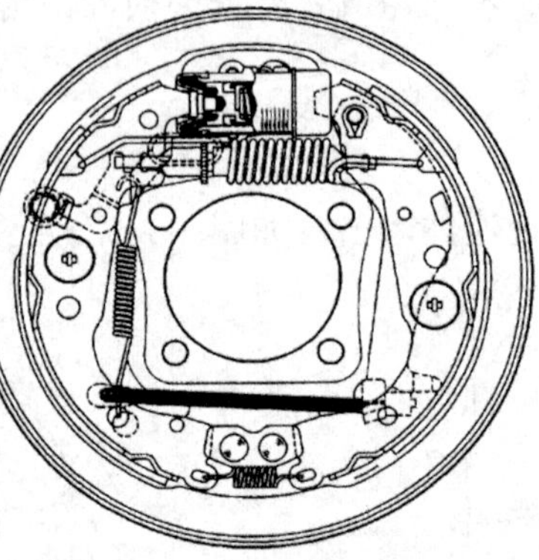

图 5-1-20　检查制动分泵中液体泄漏示意图

5．检查制动鼓内径

使用一个制动鼓测量规或者类似器具测量制动鼓内径，如图 5-1-21 所示。

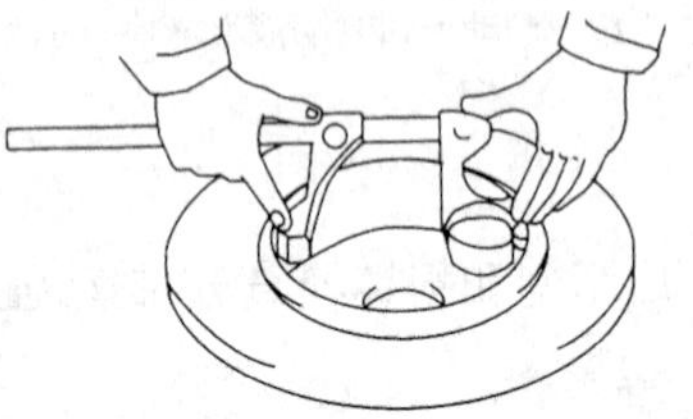

图 5-1-21　制动鼓内径检查示意图

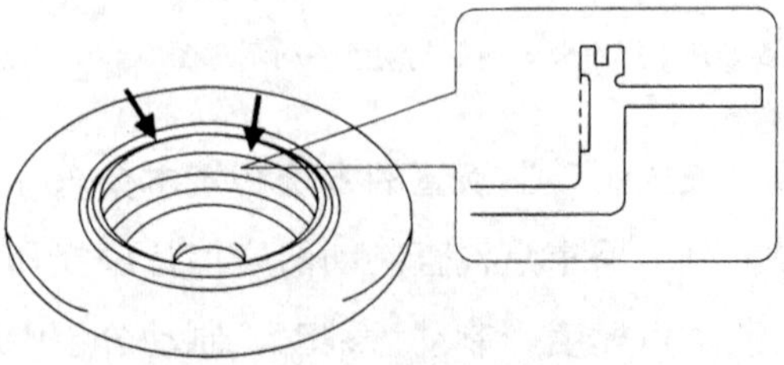

图 5-1-22　制动鼓磨损和损坏检查示意图

6．检查制动鼓磨损和损坏

检查制动鼓是否有任何磨损和损坏，如图 5-1-22 所示。

表 5–1–1　　车轮轴承、轮胎和制动器检查的工作表

维护项目作业顺序及项目作业技术要求

车轮轴承、轮胎和制动器检查项目

序号	检测部位	检测项目	技术要求	备　注
1	车轮轴承（左前、右后）	检查有无摆动	符合原厂规定，无过度摆动	
		检查转动状况和噪声	符合原厂规定，转动状况良好、平稳，转动无异常噪声	
		拆卸车轮（左前右后）	按照正确顺序拆卸车轮螺母	按照交叉顺序拆卸车轮螺母
2	轮胎	检查是否有裂纹和损坏	车轮清洁，胎面无气鼓、裂伤、损坏	
		检查是否嵌入金属碎片和异物	轮胎无嵌入金属颗粒或其他异物	
		测量胎面沟槽深度	轮胎气压标准按原厂规定	花纹深度不小于 1.6mm
		检查轮胎异常磨损	轮胎无异常磨损	
		测量轮胎气压	轮胎气压标准符合原厂规定	轮胎气压 200～ 230kPa
		检查轮胎漏气	气门嘴完好、轮胎不漏气	
		检查轮圈和轮盘损坏或腐蚀	轮辋无变形、损坏和腐蚀	
3	盘式制动器	测量制动器摩擦片厚度（外侧）	符合原厂规定。剩余厚度不低于 1.0mm	磨损极限厚度为 1.0mm
		目视检查制动器摩擦片厚度（内侧）	确定其与外侧制动器摩擦片厚度没有明显的偏差	
		盘式制动器拆卸	按照正确的拆卸顺序拆卸制动卡钳、摩擦片等	
		检查制动器摩擦片的不均匀磨损	符合原厂规定，磨损均匀	
		检查转子盘磨损和损坏	符合原厂规定，表面无油污，无裂纹、沟槽	
		检查转子盘厚度检查	符合原厂规定，磨损极限不大于 2mm 无过度磨损和损坏	磨损极限厚度不超过 2mm
		检查制动卡钳处有无制动液泄漏	符合原厂规定，无制动液泄漏	
		盘式制动器安装与调试	按照正确的安装顺序安装摩擦片和制动卡钳	

（续表）

序号	检测部位	检测项目	技术要求	备　注
4	鼓式制动器	鼓式制动器拆卸	按照正确的拆卸顺序拆卸制动鼓、制动蹄片等	
		检查制动蹄片厚度（左侧）	制动摩擦片表面无油污、无裂损，磨损极限值不低于1.0mm	磨损极限厚度不低于1.0mm
		目视检查制动器衬片厚度（右侧）	确定其与左侧制动器衬片厚度没有明显的偏差	
		检查制动蹄和背板的固定件是否磨损、锈蚀	无磨损和锈蚀	
		检查制动分泵损坏、泄漏	制动分泵轮缸动作灵活，无泄漏	
		检查制动鼓内径	磨损极限参考值不大于1.0mm	磨损极限不大于1.0mm
		测量制动蹄片外径	制动蹄片最大外径比制动鼓内径小1.0mm	最大外径比制动鼓内径小1.0mm
		清洁制动鼓	清洁制动鼓内表面	
		鼓式制动器安装与调试	按照正确的安装顺序安装制动蹄和制动鼓。调试符合原厂规定	回转调整器8个齿

项目六 6 制动器拖滞检查和车轮安装

项目单元 制动器拖滞检查和车轮安装

学习目标

1．知识要点：

① 了解制动器拖滞检查和车轮的安装的作用

② 了解制动器拖滞检查和车轮的安装的工作内容和技术要求

2．技能要点：

掌握制动器拖滞检查和车轮的安装方法和技术要求

一、制动器拖滞检查

（一）制动器拖滞检查的作用

制动拖滞对制动器的制动效能、车辆的安全稳定行驶有很大的影响，所以制动器装配完毕后，应进行调整，不得有拖滞且车轮能自由地转动。

（二）制动器拖滞检查方法和技术要求

检查制动器拖滞，如图 6-1-1 所示。

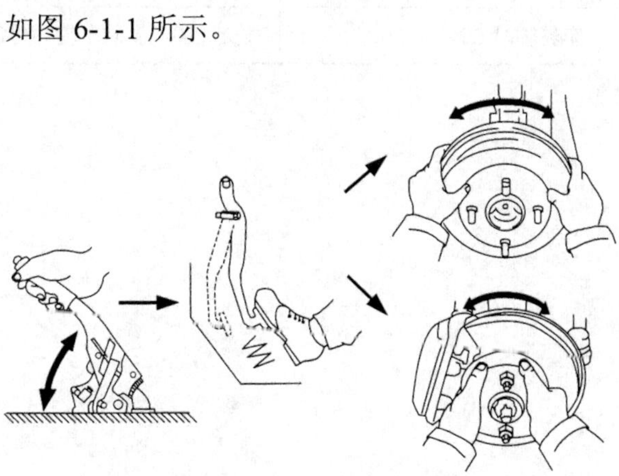

图 6-1-1 制动器拖滞检查示意图

1．拉几次驻车制动器，然后拉上驻车制动器，正常情况下，此时后轮制动器应抱死，转不动。

2．完全放开驻车制动器，正常情况下，此时应无任何拖滞且能自由的转动。

3．踩几次行车制动器，然后完全踩住行车制动器，正常情况下，此时制动器已抱死，转不动。

4．完全放开行车制动器，在正常情况下，此时应无任何拖滞且能自由地转动。

二、车轮的安装

先用手将轮毂螺母装到螺栓上，再按交叉顺序用风动扳手预紧车轮螺栓，如图 6-1-2 所示。

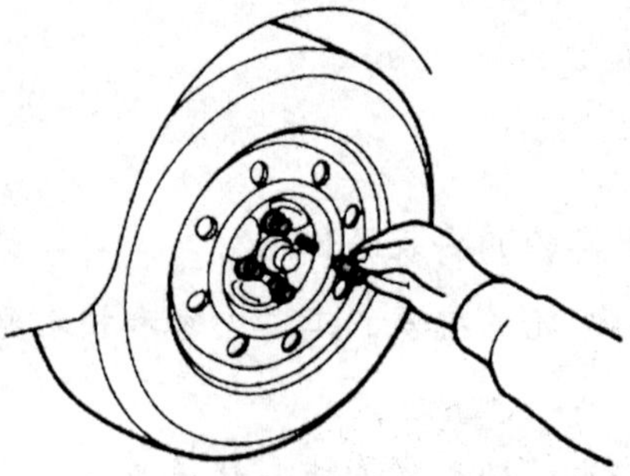

图 6-1-2　车轮的安装示意图

表 6–1–1　　制动器拖滞检查和车轮的安装的工作表

<table>
<tr><td colspan="5">维护项目作业顺序及项目作业技术要求</td></tr>
<tr><td colspan="5">制动器拖滞检查和车轮的安装项目</td></tr>
<tr><td>序号</td><td>检测部位</td><td>检测项目</td><td>技术要求</td><td>备　　注</td></tr>
<tr><td>1</td><td>制动器拖滞检查</td><td>检查制动器拖滞</td><td>符合原厂规定。制动器不拖滞。</td><td></td></tr>
<tr><td>2</td><td>车轮的安装</td><td>车轮临时安装</td><td>按交叉顺序安装车轮螺母，只需预紧。</td><td></td></tr>
</table>

项目七 7 发动机室的检查

项目单元一 发动机启动前的检查

学习目标

1．知识要点：

① 了解发动机启动前检查的作用

② 了解发动机启动前检查的工作内容和技术要求

2．技能要点：

掌握发动机启动前检查的方法和技术要求

一、发动机启动前检查的作用

由于前面已经进行了车身检查、汽车底部检查、车轮、轮胎和制动器检查、制动器拖滞检查和车轮的安装检查保养项目，在启动发动机前，必须做发动机启动前的检查，如发动机舱各液位的检查，发动机点火系统检查等。如果不做发动机启动前的检查，就启动发动机，有可能发生机械损坏事故。

二、发动机启动前的检查工作内容

1．加注发动机机油

2．发动机冷却液液位检查

3．火花塞检查

4．蓄电池电解液液位检查

5．制动液液位检查

6．空气滤清器清洁

7．前减震器上支架螺栓紧固

8．喷洗液液位检查

三、发动机启动前检查的方法和技术要求

（一）发动机启动前检查的预检工作

1．发动机启动前检查车辆停放位置，如图 7-1-1 所示。

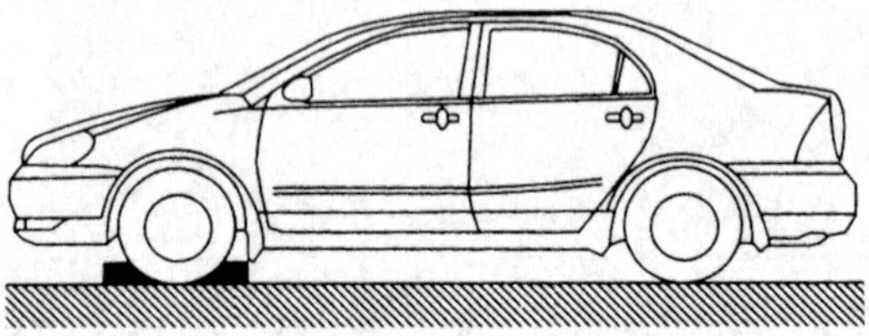

图 7-1-1　发动机启动前的检查车辆停放位置示意图

2．拉起驻车制动器

3．用车轮挡块挡住车轮

驻车制动器与车轮挡块，如图 7-1-2 所示。

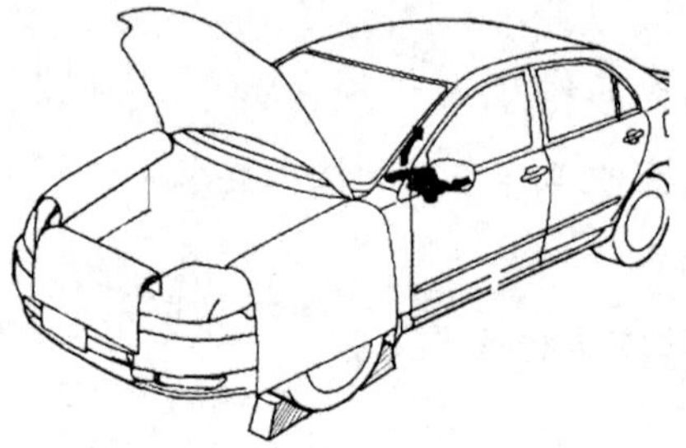

图 7-1-2　车轮挡块挡车轮和拉起驻车制动器示意图

（二）加注发动机机油

通过注油孔注入规定数量的新机油，如图 7-1-3 所示。加注发动机机油后要检查发动机机油液面情况。正常的机油液面高度应在标尺上的最高位与最低位中间，如图 7-1-4 所示。油位太高，机油有可能混入汽缸体内被烧掉，油位太低，机油不足造成发动机在无润滑的情况下加重磨损损坏发动机。

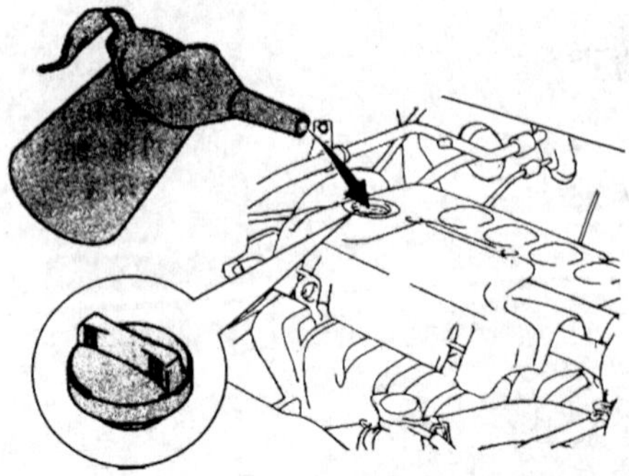

图 7-1-3　发动机机油加注示意图

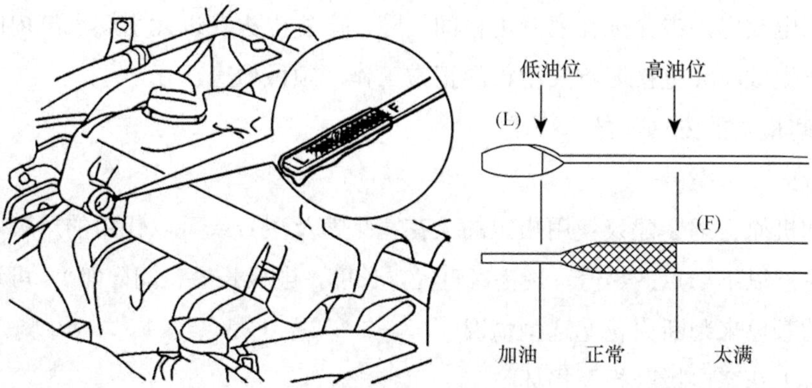

图 7-1-4 发动机机油液面检查示意图

检查时确认该标尺清楚标明机油量。应显示在标尺的最高位和最低位之间。

（三）发动机冷却液液位检查

冷却液液位的正常情况是冷却液的高度应在补偿水箱（储液罐）标尺上的 FULL（最高）与 LOW（最低）两线之间，如图 7-1-5 所示。冷却液太多，有可能在发动机水温高时溢出。冷却液太少，如冷却液的水平降到最低点以下，说明发动机缺水，会升温。发动机在高温下运转会导致汽缸变形，或汽缸垫被烧毁。

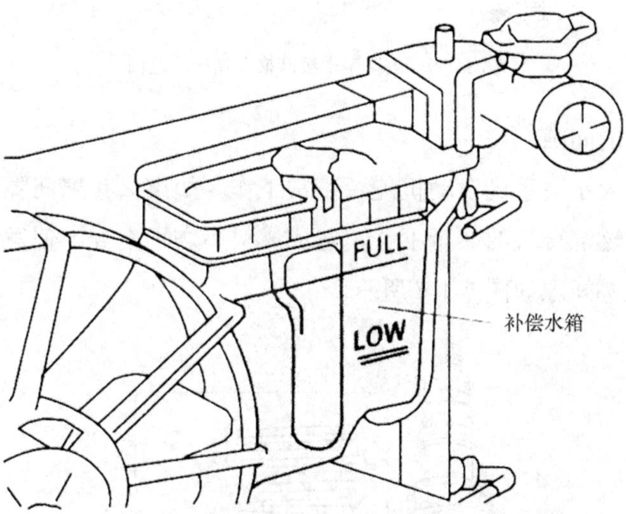

图 7-1-5 检查发动机冷却液液位示意图

检查时确认散热器补偿水箱内冷却液的高度应在补偿水箱（储液罐）标尺上的 FULL（最高）与 LOW（最低）两线之间。

（四）火花塞检查

1．火花塞检查的作用

火花塞是发动机点火系统的一个元件，与整个系统紧密相连，它的作用是使高压导线送来的脉冲高压电放电，击穿火花塞两电极间气隙，产生电火花以此引燃汽缸内的可燃混合气体。火花塞发生故障会直接影响发动机的正常工作。须做检查。

2．火花塞检查的方法和技术要求

（1）检查火花塞型号

通常发动机原厂都会建议使用指定的火花塞品牌及型号或可以代用的厂牌及型号。但是实际上只要注意以下二点：热值、规格（直径，长度，电极长短，间隙等）。可通过工作过的火花塞电极的颜色来判断火花塞选型情况。

（2）检查火花塞电极磨损及损坏

火花塞损坏情况一般有金属螺纹崩裂、陶瓷崩裂等损坏，如图 7-1-6 所示。

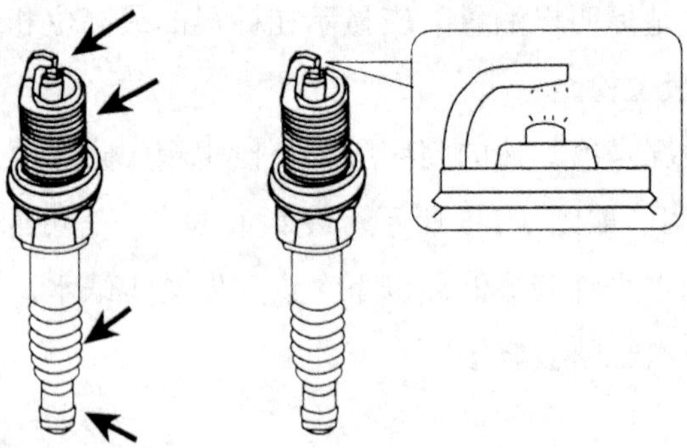

图 7-1-6　火花塞电极磨损及损坏示意图

（3）检查火花塞的间隙

火花塞的间隙的大小关系到发动机能否正常工作。如果火花塞间隙过小，则不能充分释放高压电，致使其点燃混合气的热量不够，造成燃料燃烧不充分，使发动机功率明显下降。如果过大亦然。火花塞间隙如图 7-1-7 所示。

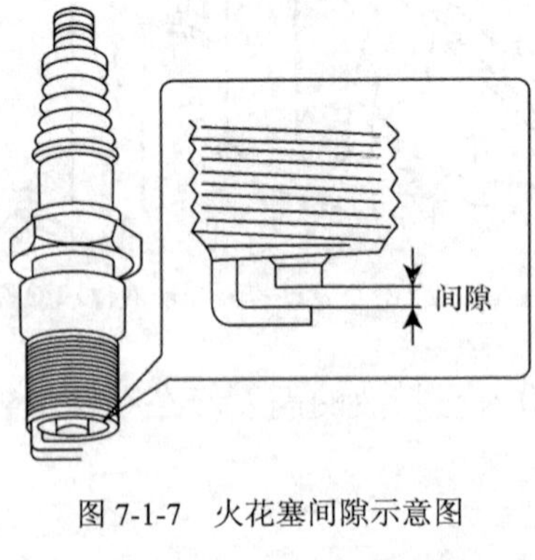

图 7-1-7　火花塞间隙示意图

按照点火方式区分：白金式点火方式，火花塞间隙通常为 0.6mm，最大 0.8mm；电子式点火方式，火花塞间隙通常为 0.7mm，最大 1.1～1.2mm。

（五）蓄电池检查

1．蓄电池检查的作用

蓄电池与发电机及汽车用电设备都是并联的，在发动机正常工作时，发电机应向用电设备供电和向蓄电池充电；当接入用电设备过多使发电机超载时，蓄电池可协助发电机供电；启动时，蓄电池向启动机提供大电流。蓄电池的性能好坏会影响汽车的正常工作，尤其是影响发动机的启动性能。

2．蓄电池检查的方法和技术要求

（1）检查电解液液位

蓄电池电解液被盛在蓄电池壳体内，电解液液面高度应在蓄电池外壳标尺上的 UPPER LEVEL（最高线）与 LOWER LEVEL（最低线）之间。如图 7-1-8 所示。电解液太多会溢出，电解液太少将造成蓄电池的损坏。

检查电解液液位时，须检查全部六个单元，不要只检查一个或两个单元，如果液位低于低液位线，则须补充加入蒸馏水。

（2）检查电解液密度

使用密度计测量电解液密度，如图 7-1-9 所示。在气温时 20℃时，电解液密度应在规定值范围内（1.25～1.29）。

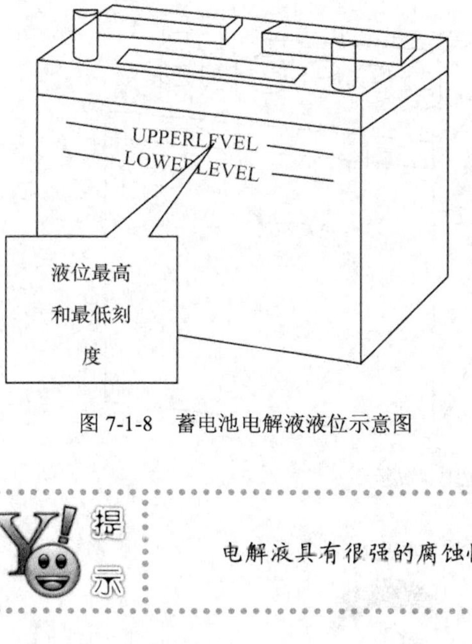

图 7-1-8　蓄电池电解液液位示意图

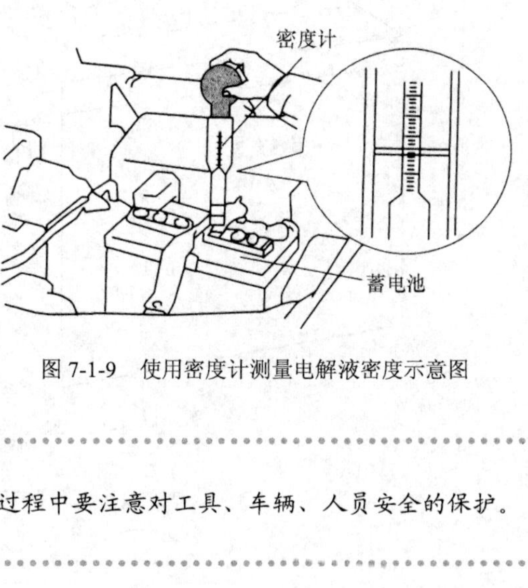

图 7-1-9　使用密度计测量电解液密度示意图

提示

电解液具有很强的腐蚀性，在测量过程中要注意对工具、车辆、人员安全的保护。

（3）检查蓄电池端电压

使用万用表检查蓄电池端电压。蓄电池端电压应在规定值范围内（11.5～12.5V）。

（4）检查蓄电池外部

① 目测检查蓄电池外壳是否损坏。

② 用手轻轻移动蓄电池端子及导线，目测检查是否松动、腐蚀。

③ 拆卸下通风孔塞，目测检查是否损坏、堵塞。

蓄电池外观检查示意图，如图 7-1-11 所示。

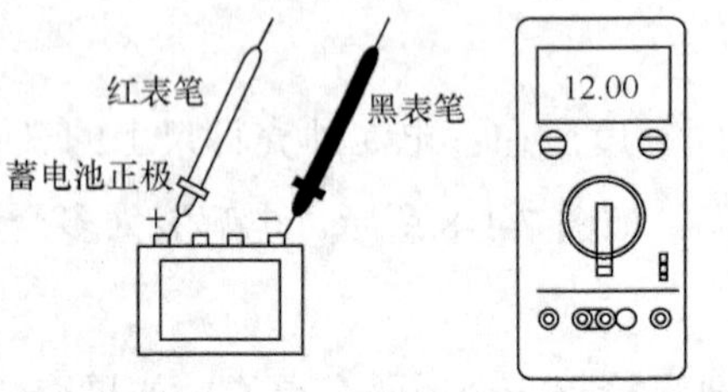

图 7-1-10　使用万用表检查蓄电池端电压示意图

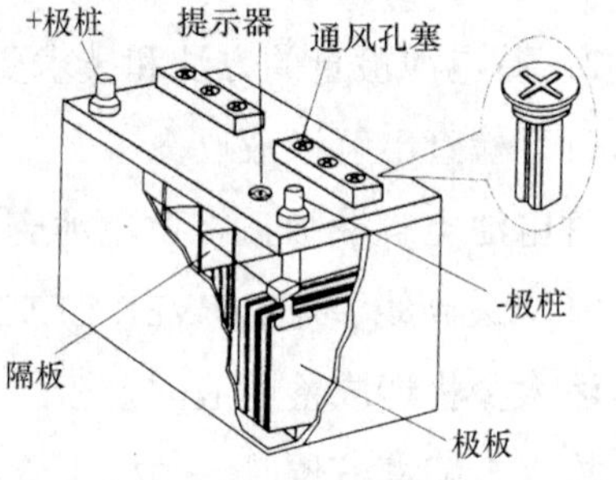

图 7-1-11　蓄电池外观检查示意图

（5）检查蓄电池提示器

一些蓄电池上设有提示器，可以通过提示器颜色检查蓄电池状况，如图 7-1-12 所示。

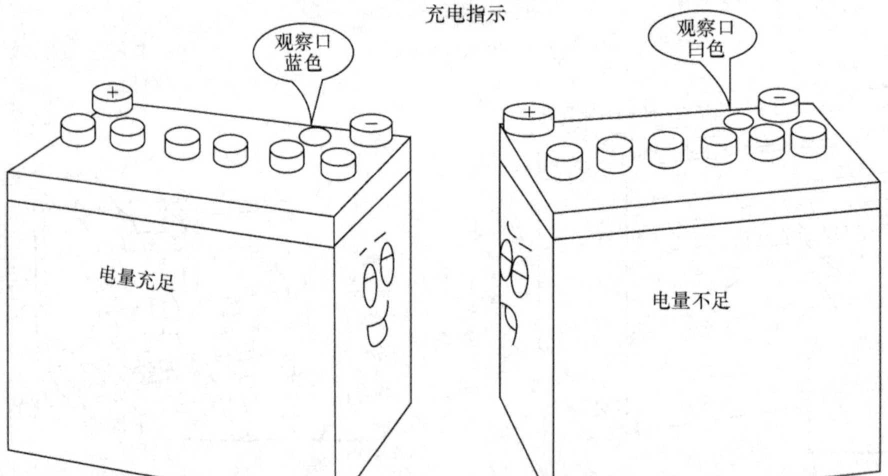

图 7-1-12　通过提示器检查蓄电池状况示意图

图 7-1-13　通过提示器颜色变化判断蓄电池状况示意图

蓄电池指示器颜色为蓝色或绿色表示蓄电池状况良好；指示器颜色为白色或浅黑色表示蓄电池需要充电；指示器颜色为透明或淡黄色、红色表示蓄电池需要维修。

提示

① 请不要吸出蓄电池电解液。蓄电池内含有有害的腐蚀性的硫酸，所以错误的操作会引发意外的事故。

② 万一蓄电池电解液溅在眼睛和皮肤上，请立刻用大量清水冲洗，并尽早接受医生的治疗。误饮蓄电池电解液的时候，作为应急措施请立即大量饮用清水，并接受医生治疗。

③ 清理蓄电池时，请不要使用干布擦拭。因为会有产生静电引起爆炸的危险。请不要短路蓄电池、不要接近烟火。因为可能会引燃蓄电池产生的可燃物，从而发生爆炸危险。

（六）检查制动液

1．制动液检查的作用

制动液盛放在制动总泵上方的储液罐内，制动液液位高度应在储液罐外部标记位置的最高 MAX 与最低 MIN 之间。制动液太多会使加得过满的制动液溢出。制动液对于车身油漆或底盘有很大的腐蚀性。制动液太少会导致制动踏板下降，制动失效。

2．制动液检查的方法和技术要求

（1）检查时查看储液罐内液面高度与储液罐液面标记是否平齐。

（2）检查制动储液罐、制动主泵、制动管路、制动分泵周围是否有制动液渗漏油污现象，检查制动管路是否有裂纹、压瘪等损坏现象，如图 7-1-14 所示。

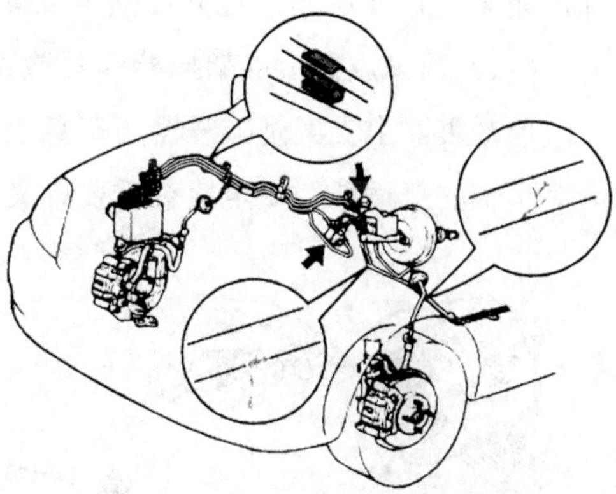

图 7-1-14 检查制动管路损坏和制动液渗漏示意图

（七）检查空气滤清器

1．检查空气滤清器的作用

空气滤清器是对空气进行净化的装置，它由壳体和滤芯组成，滤芯布置在壳体内。大气中有各种异物，例如灰尘、砂粒等，它们将加重发动机的磨损，从而降低发动机的使用寿命。有时轮胎会带起飞石，一旦进入发动机，就能使发动机严重损坏。空气滤清器能防止出现这种情况。但汽车行驶一段时间后，空气滤清器的滤芯会集满灰尘和杂质，造成进气堵塞，使发动机工作受到影响。须做定期检查或更换。空气滤清器的滤芯分为干式滤芯和湿式滤芯两种。

2．检查空气滤清器的方法和技术要求

（1）空气滤清器滤芯拆卸更换

空气滤清器滤芯的拆卸更换，如图 7-1-15 所示。

① 干式滤芯材料为滤纸或无纺布。为了增加空气通过面积，滤芯大都加工出许多细小的褶皱。当滤芯轻度污损时，可以使用压缩空气吹净，如图 7-1-16 所示。当滤芯污损严重时应当及时更换新滤芯。

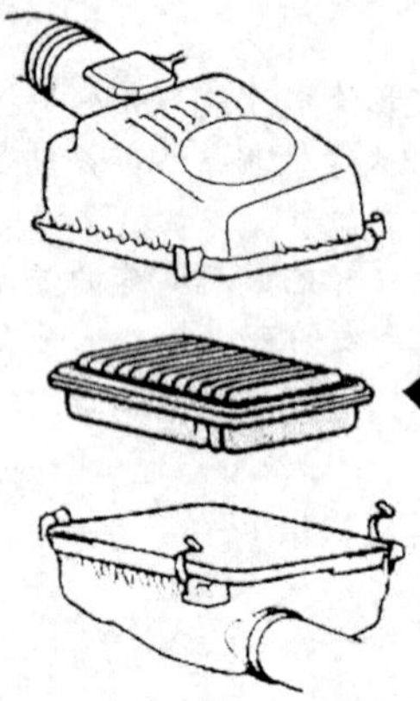

图 7-1-15 拆卸更换空气滤清器滤芯示意图

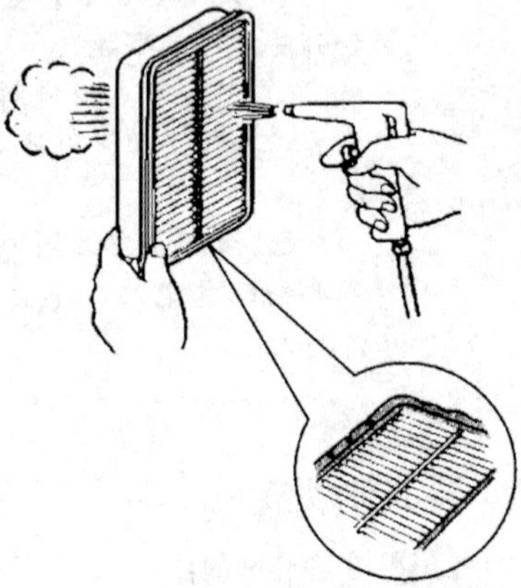

图 7-1-16 清洁空气滤清器干式滤芯示意图

② 湿式滤芯使用海绵状的聚氨酯类材料制造，如果滤芯污损之后，可以用清洗油进行清洗，如图 7-1-17 所示。过分污损也应该更换新滤芯。

（八）前减震器上支架螺栓紧固检查

前减震器上支架是减震器与车身连接的一个重要部件，定期紧固检查前减震器上支架，会对车辆的舒适性、安全性有重要意义。检查前减震器上支架螺栓紧固，如图 7-1-18 所示。

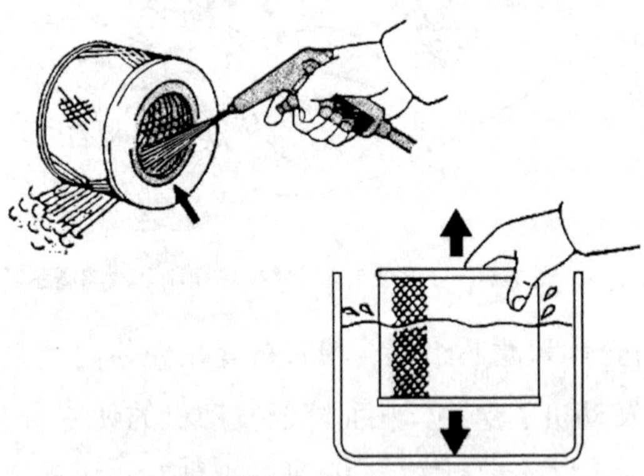

图 7-1-17 清洁空气滤清器湿式滤芯示意图

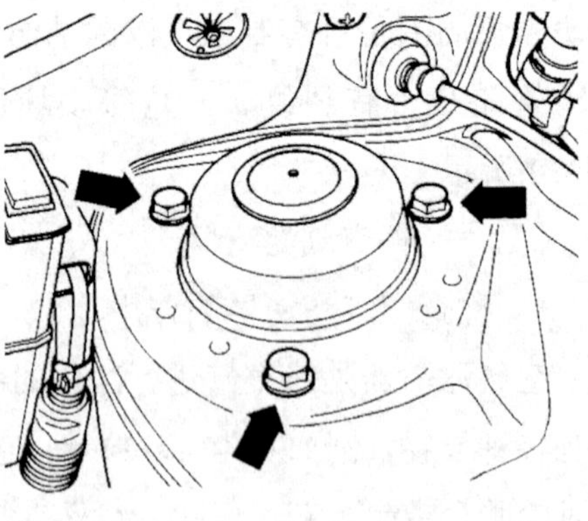

图 7-1-18 检查前减震器上支架螺栓紧固示意图

（九）检查喷洗液

1．检查喷洗液的作用

如果在玻璃上没水时用刮水器刮泥土、尘埃等就很难刮净，甚至会划伤玻璃。现代轿车都加有挡风玻璃喷洗器，喷洒清洁液后与刮水器协同工作。

2．检查喷洗液的方法和技术要求

检查喷洗液如图 7-1-19 所示。检查喷洗器储液罐内液面是否注满。

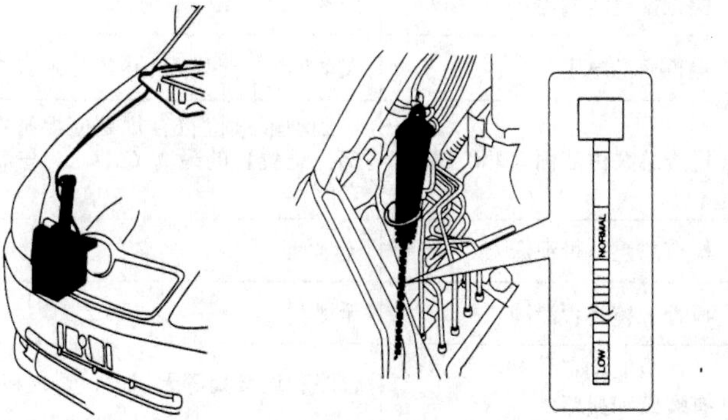

图 7-1-19　喷洗液检查示意图

表 7–1–1　　发动机启动前的检查工作表

维护项目作业顺序及项目作业技术要求				
发动机启动前的检查项目				
序号	检测部位	检测项目	技术要求	备　注
1	发动机启动前准备工作	驻车制动器	拉满行程使车辆被可靠制动住	
		放置车轮挡块	可靠安装车轮挡块挡住车轮	
2	发动机油	加注发动机油	按原厂规定： 1、机油规格：API SF 级或以上，机油黏度等级（SAE 标准）根据环境温度来选择。 2、规定数量的机油，油面高度应在油尺上、下两刻度之间	
3	火花塞	型号检查	型号与该车配用	
		电极磨损检查	电极应无损坏现象	
		间隙检查	间隙应在规定值内（参考值 1.1～1.2mm）	
		损坏检查	火花塞金属螺纹、陶瓷螺纹应没有崩裂等损坏	
4	蓄电池	检查电解液液位	电解液液位应保持在蓄电池壳体外部标记位置最高和最低刻度之间	
		检查蓄电池盒损坏	无损坏和裂纹	
		检查蓄电池端子腐蚀	无腐蚀	
		检查蓄电池端子导线松动	无松动	
		检查通风孔塞损坏、孔堵塞	无损坏、堵塞	
		测量电解液相对密度（单格）	在气温 20℃时相对密度应在 1.25～1.29 之间	

（续表）

序号	检测部位	检测项目	技术要求	备注
4	蓄电池	检查蓄电池端电压	应在 11.8～12.5V 内	
		检查充电电压	发动机运转时，充电电压应在 12.5～12.9V 内	
5	制动液	检查总泵内液面（贮液罐）	制动液液位符合规定应保持在储液罐外部标记位置的最高（MAX）与最低（MIN）之间	
		检查总泵是否泄漏	无泄漏	
6	制动管路	检查液体是否泄漏	无泄漏	
		检查制动器管和软管是否有裂纹和损坏	管路和连接处等无扭曲、裂纹和凸起	
		检查制动器软管和管的安装状况	安装紧固和牢靠。制动管线与车轮或车身不接触和不被拉得很紧	
7	空气滤清器芯	检查并更换	空气滤清器清洁，或更换新空气滤清器	
8	前减震器的上支承	检查前减震器上支承的松动	按原厂规定紧固	
9	喷洗液	检查液位	应注满	

项目单元二　发动机启动暖机过程的检查工作

学习目标

1．知识要点：

① 了解发动机启动暖机过程检查的作用

② 了解发动机启动暖机过程检查的工作内容和技术要求

2．技能要点：

掌握发动机启动暖机过程检查的方法和技术要求

一、发动机启动暖机过程的检查工作内容

1．车轮轮毂螺母的再紧固

2．PVC 系统的检查

3．发动机冷却液检查

二、发动机启动暖机过程检查的方法和技术要求

（一）车轮轮毂螺母的再紧固

1．车轮轮毂螺母再紧固的作用

车轮轮毂螺母在安装车轮时，已预紧，但紧固度远远不足以保证车辆高速安全行驶，所以必须对车轮轮毂螺母再次进行紧固，如图 7-2-1 所示。

2．车轮轮毂螺母的再紧固的方法和技术要求

使用车轮螺母扳手并顺时针拧紧螺母。不要用其他工具或除手以外的任何杠杆工具，例如锤、管子或脚。确认扳手紧套在螺母上。

图 7-2-1　车轮轮毂螺栓紧固示意图

用扭力扳手、专用套筒，以规定扭矩（参考值：103Nm）交叉紧固轮毂螺栓，如图 7-2-2 所示。一般分 2～3 次紧固。

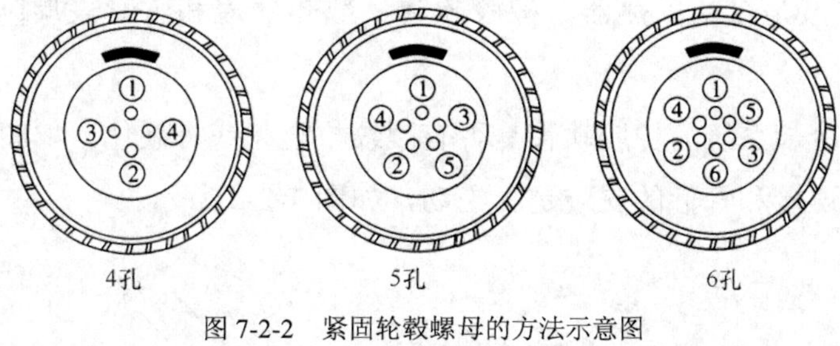

图 7-2-2　紧固轮毂螺母的方法示意图

（二）检查 PCV（曲轴箱强制通风）阀

1．检查 PCV 阀的作用

PCV 阀是排放控制的装置之一，重新燃烧窜气（包括大量未燃烧的气体 HC，从活塞环和气缸壁之间的间隙漏出到曲轴箱）。如果 PCV 阀堵塞，窜气就不能够被吸入进气歧管，直接排放到大气。它还会与发动机机油混合，使机油变质。

2．检查 PCV 阀的方法和技术要求

（1）检查 PCV 阀的性能

PCV 阀是一个单向阀，气从气缸侧吹入，可以穿过；气从进气室侧吹入，不能穿过。检

查 PCV 阀的性能时，在发动机怠速下，用手指夹紧 PCV 阀软管检查工作噪声，如图 7-2-3 所示。

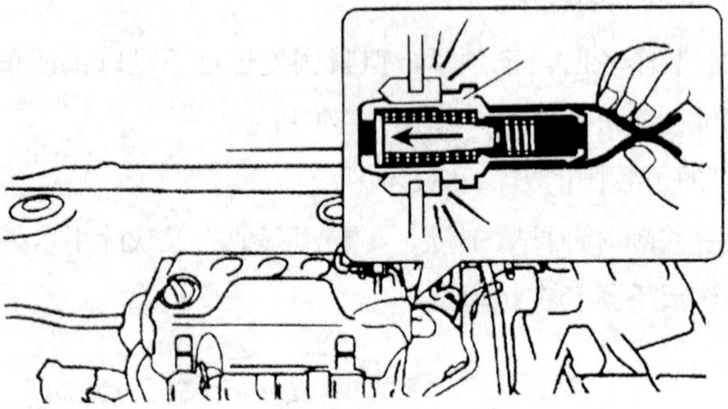

图 7-2-3　检查 PCV 阀示意图

（2）检查 PCV 阀的损坏

检查 PCV 阀软管是否有裂纹或者损坏。

（三）检查发动机冷却系统

1．检查发动机冷却系统的作用

在发动机运转状态下主要检查发动机冷却液的泄漏或可能发生泄漏情况，发动机工作中发动机冷却系统会产生压力和温度升高，容易造成冷却液渗漏。

2．检查发动机冷却系统的方法和技术要求

（1）检查冷却液是否从散热器、橡胶软管、散热器盖和软管夹周围渗漏，如图 7-2-4 所示。

（2）检查属于冷却系统的橡胶软管是否有裂纹、隆起或者硬化。如图所示。

（3）检查软管连接和管箍的安装是否松动，如图 7-2-4 所示。

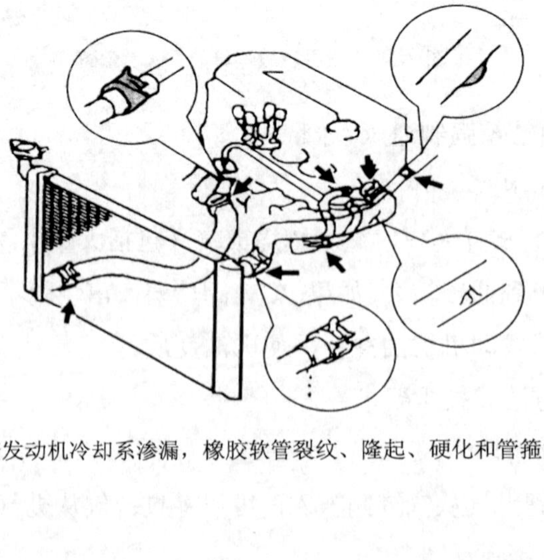

图 7-2-4　检查发动机冷却系渗漏，橡胶软管裂纹、隆起、硬化和管箍的安装示意图

表 7-2-1　　发动机启动暖机过程的检查工作表

维护项目作业顺序及项目作业技术要求				
发动机启动暖机过程的项目				
序号	检测部位	检测项目	技术要求	备　注
1	被安装的车轮	轮毂螺母的再紧固	用扭力扳手、专用套筒，以规定扭矩交叉紧固轮毂螺栓，一般分 2～3 次紧固	（参考值：103Nm）
2	PCV	PCV 系统检查	用手按捏几次 PCV 管，观察 PCV 阀是否发出“吱吱”的响声	
3	发动机冷却系统	检查冷却液是否从散热器泄漏	散热器应无泄漏	
		检查橡胶软管是否泄漏冷却液	橡胶软管应无泄漏	
		检查软管夹周围是否泄漏冷却液	软管夹周围应无泄漏	
		检查散热器盖是否泄漏冷却液	散热器盖应无泄漏	
		检查橡胶软管是否有裂纹、凸起和硬化	橡胶软管应无裂纹、凸起和硬化	
		检查橡胶软管连接松动	橡胶软管连接应无松动	
		检查夹箍安装松动	夹箍安装应无松动	

项目单元三　发动机暖机后（和运行）的检查工作

学习目标

1．知识要点：

① 了解发动机暖机后（和运行）检查的作用

② 了解发动机暖机后（和运行）检查的工作内容和技术要求

2．技能要点：

掌握发动机暖机后（和运行）检查的方法和技术要求

一、发动机暖机后（和运行）的检查工作内容

1．自动变速器油液检查

2．空调检查

3．动力转向油液的检查

4．发动机机油检查

5．燃油滤清器检查

二、发动机暖机后（和运行）检查的方法和技术要求

（一）自动变速器油液检查

1．自动变速器油液检查的作用重要性

自动变速器油不会随着行驶里程的增加而发生油液量减少。油液的减少无一例外都是由于漏油造成的。如果自动变速器没有按指定数量添加自动变速器油，就会对内部零件造成损害。

2．自动变速器油液检查的方法和技术要求

自动变速器的生产厂家不同，自动变速器油量的检查条件也就不同。一般自动变速器的油位检查分热机和冷机两种方式。通过量油标尺来检查自动变速器油液位。自动变速器的油标尺刻有 COOL（冷）和 HOT（热）两个范围。

（1）冷机方式是在自动变速器常温状态时，通过量油标尺指示自动变速器的油液位作参考用。油位在油标尺上的刻度 COOL（冷）的范围内。

（2）热机方式是在自动变速器热态时，检查自动变速器油液位的高度。以热机方式检查自动变速器油液位为准，如图 7-3-1 所示。

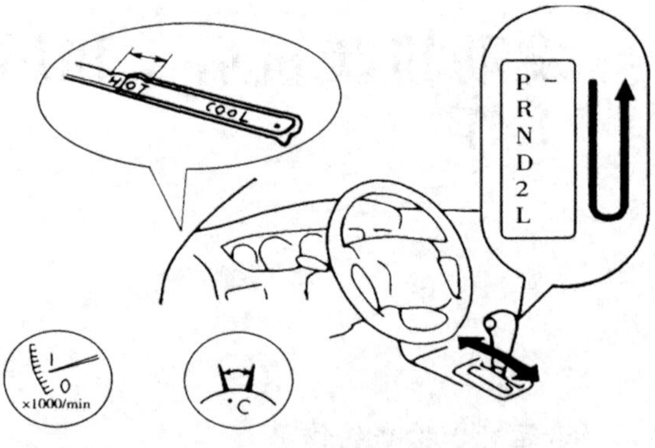

图 7-3-1　自动变速器油液位的检查示意图

正确的油液位的高度必须处于 HOT 的范围内，如图 7-3-2 所示。

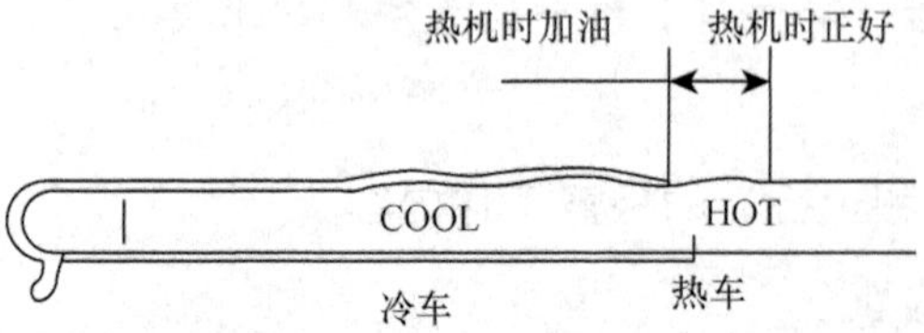

图 7-3-2　自动变速器油液位的检查示意图

（二）检查空调

1．检查空调的作用

汽车制冷装置的作用主要是降低车厢内的温度，使乘客或驾驶员感到凉爽，适用于炎热季节。汽车制冷装置主要采用蒸汽压缩式。制冷效能是通过在管路中重复地将气体变成液体，液体变成气体而吸收或排放热量获得的。如果制冷剂泄漏，制冷效能就会降低，需要检查制冷剂的液面。

汽车空调是移动式车载的空调装置，它与固定式空调系统相比，运转条件更恶劣，随汽车行驶的颤振，空调系统的制冷剂比固定式更容易泄漏。所以必须对制冷剂的量、渗漏进行定期检查。

2．检查空调的方法和技术要求

（1）检查制冷剂量

把所有车门全部打开，然后将发动机提速到1500r/min，制冷效能及鼓风效能打到最大，然后通过观察窗观察制冷剂的流量，并检查制冷剂的量，如图 7-3-3 所示。

（2）检查制冷剂渗漏

将点火开关关闭后，使用气体泄漏测试仪检查制冷剂是否泄漏，如图 7-3-4 所示。

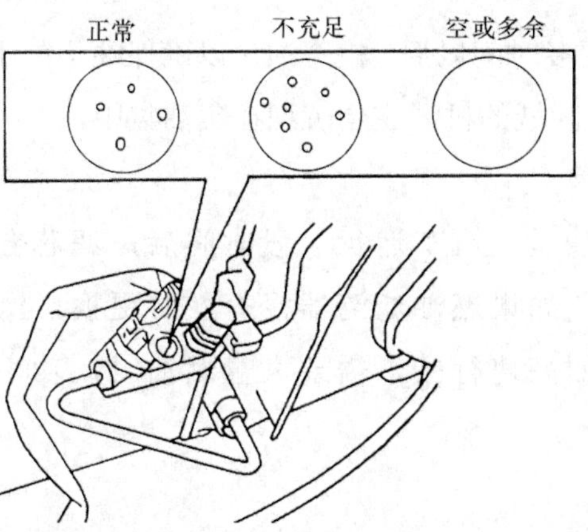

图 7-3-3 通过观察窗检查制冷剂量示意图

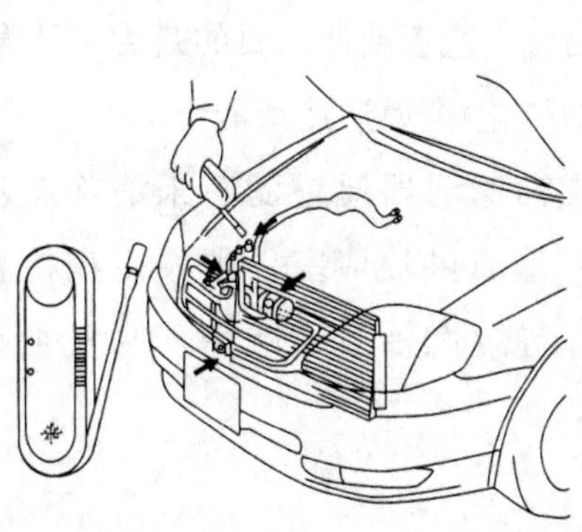

图 7-3-4 使用气体泄漏测试仪检查制冷剂泄漏示意图

（三）检查动力转向油液

1．检查动力转向油液的作用

动力转向油液指的是方向机和方向机助力泵的油，关系到动力转向系统的转向能力，涉及乘车人员的安全。所以必须对动力转向油液进行量的检查及渗漏检查。

2．检查动力转向油液的方法和技术要求

（1）检查动力转向液面高度

观察动力转向储液罐中的液面高度。动力转向液温度不同，液面高度也不同，如果动力转向液温度高，液面高度会高一些；如果动力转向液温度低，液面高度会低一些。

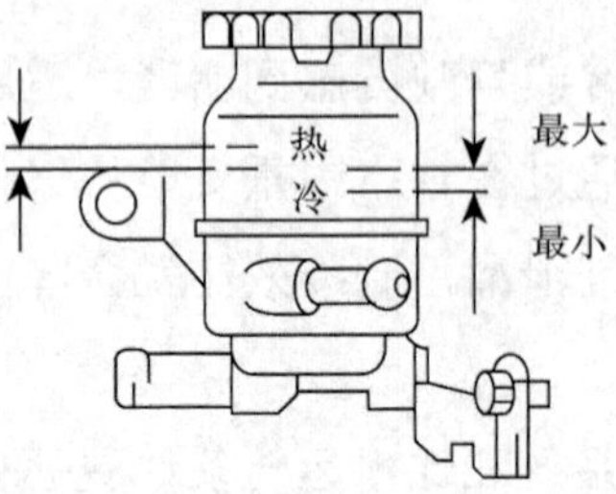

图 7-3-5　温度不同动力转向液面高度示意图

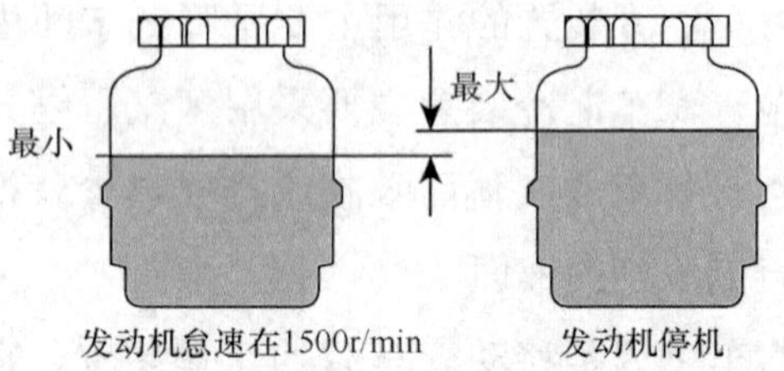

图 7-3-6　发动机怠速运转发动机停机液面高度示意图

在发动机怠速运转状态下，检查储液罐中的液面高度会低一些；关闭发动机等几分钟再测量储液罐中的液面高度会升高一些（液面高度最多升高 5mm）。

（2）检查动力转向管路渗漏

目测检查转向液储液罐外围及相关管路是否泄漏，如图 7-3-7 所示。

（四）检查发动机机油

发动机机油在前面定期维护后，可能会造成机油的缺少，所以必须再次检查机油液面。

预热发动机以及停止发动机。等待 5s 或者更多时间以后，检查油尺以确保油位处于规定的范围内。检查油位，目的是为了让发动机各个区域的机油完全沉积在集油盘中。

（五）检查燃油滤清器

燃油滤清器通过滤芯来清除燃油中的小杂质。汽车运行一段时间后，滤芯会集满杂质，造成供油堵塞，须做定期检查或更换。如果燃油滤清器没有及时更换，滤芯堵塞后，导致燃油数量减少，易发生故障。例如高速行驶，需要大量燃油时，功率输出降低。

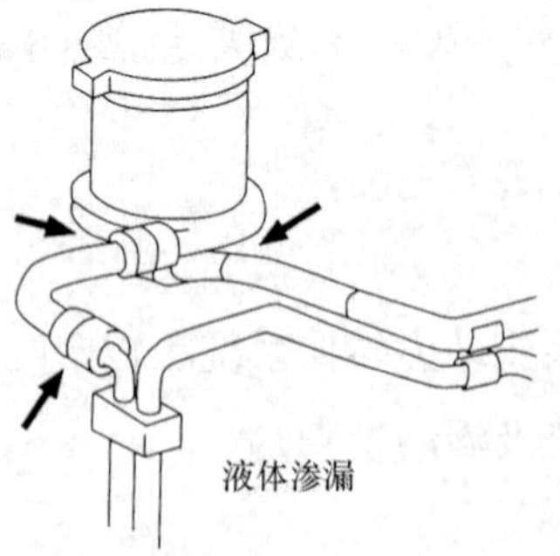

图 7-3-7　动力转向系统泄漏示意图

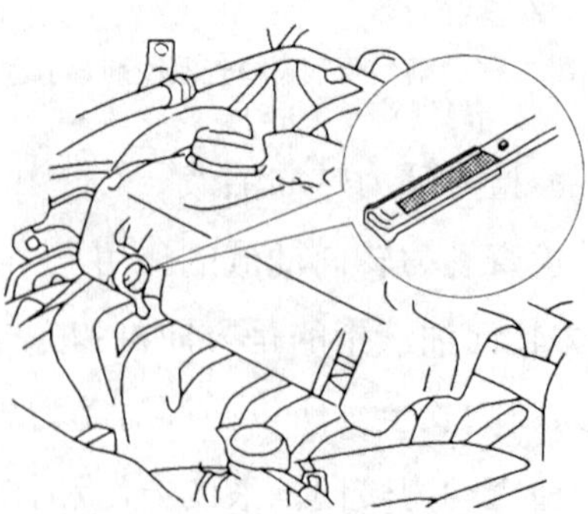

图 7-3-8　检查发动机机油液位示意图

表 7-3-1　　发动机暖机后（和运行）的检查工作表

维护项目作业顺序及项目作业技术要求

发动机暖机后（和运行）的检查工作

序号	检测部位	检测项目	技术要求	备　注
1	自动变速器	自动变速器油液	冷机方式油位在油标尺上的刻度 COOL（冷）的范围内。 热机方式油液位的高度必须处于 HOT 的范围内。	
2	空调	检查制冷剂量（从观察窗检查）	把所有车门全部打开，然后将发动机提速到 1500r/min，制冷效能及鼓风效能打到最大，然后通过观察窗观察制冷剂的流量，并检查制冷剂的量。	
3	发动机暖机后动力转向液	测量液位	液位的高度在刻度之内 测检查转向液贮液罐外围及相关管路是否泄漏	
4	发动机油	检查发动机油位（不必预热，按照当时温度）	机油位处于油标尺规定的范围内	
5	燃油滤清器	燃油滤清器	定期检查或更换	

项目八 8 复查工作

项目单元 复查工作

学习目标

1．知识要点：

① 了解复查的作用

② 了解复查的工作内容和技术要求

2．技能要点：

掌握复查的方法和技术要求

一、复查工作的作用

复查工作是指在定期维护中，有些部件已更换，需对这些更换了的部件进行进一步的复查。

二、复查的工作内容

1．发动机机油泄漏的复查

2．制动器液泄漏的复查

3．其他更换件的复查

二、复查的方法和技术要求

检查在维护过程中所更换的零部件是否已紧固和油液是否泄漏。如排放塞、机油滤清器需用扭力扳手以一定扭矩检查是否已拧紧。

表 8-1-1　　复查工作检查工作表

维护项目及项目作业说明		
复查工作项目		
作业顺序	项　目	作业说明
1	发动机机油泄漏	用手指向检查部位，目测检查并报出机油是否泄漏
2	制动器液泄漏	用手指向检查部位，目测检查并报出制动器周围是否泄漏
3	更换零件等的安装状况	用套筒进行紧固检查，并报出排放塞是否已紧固

项目九 9 恢复清洁

项目单元 恢复清洁

学习目标

1．知识要点：

① 了解恢复清洁的作用

② 了解恢复清洁的工作内容和技术要求

2．技能要点：

掌握恢复清洁的方法和技术要求

一、恢复清洁的作用

对客户的车辆恢复清洁是对客户的负责，表示你是合格的汽车维护员，也是保持车辆美观、整洁的一种负责态度。

二、恢复清洁工作内容

1．拆卸翼子板布和前格栅布

2．清洁烟灰缸

3．调试时钟

4．调试后视镜

5．清洁车身

6．拆卸座椅护套、地毯和方向盘护套

三、恢复清洁工作方法和技术要求

1．拆卸翼子板布和前格栅布。

2．清洁烟灰缸，并把客户车内物品摆回原来位置，直至整齐清洁为止，如图 9-1-1 所示。

3．调试时钟，如图 9-1-2 所示。

4．调试后视镜，如图 9-1-3 所示。

5．用干净毛巾擦拭车身，特别是经常接触的部位，擦拭干净。必要时帮客户清洗车辆。

6．拆卸座椅护套、地毯和方向盘护套。

图 9-1-1　点烟器和烟灰缸示意图

图 9-1-2　时钟示意图

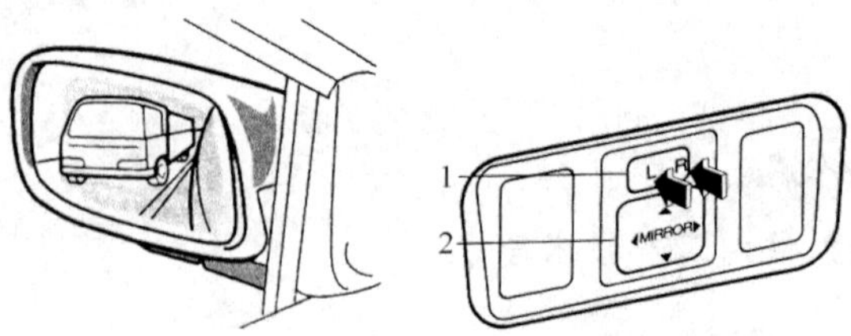

图 9-1-3　调试后视镜示意图

表 9–1–1　　恢复清洁工作表

维护项目作业顺序及项目作业技术要求				
恢复清洁项目				
序号	检测部位	检测项目	技术要求	备　注
1	汽车各部位	拆卸翼子板布和前格栅布	拆卸翼子板布和前格栅布后，折叠整齐	
2		清洁车身、车身内部、烟灰缸等	保持车身、车身内部、烟灰缸等的清洁	
3		调试收音机、调试钟表等	准确调试	
4		调试后视镜	大致调试	
5		用干净毛巾擦拭车身，特别是经常接触的部位，擦拭干净	认真擦拭	必要时帮客户清洗车辆
6		拆卸座椅护套、地毯和方向盘护套	不得遗漏	

项目十 道路检测（选修章节）

项目单元 道路检测

学习目标

1．知识要点：

① 了解道路检测的作用

② 了解道路检测的工作内容和技术要求

2．技能要点：

掌握道路检测的方法和技术要求

一、道路检测的作用

完成了汽车定期维护保养检查后，由于有些部件已更换或有些机构做了调整，必须做汽车的道路检测。对汽车的制动系统、离合器系统、转向系统、自动驱动桥系统等其他装置做性能检查，如汽车动力性能检测、汽车经济性能检测、汽车制动性能检测、汽车平顺性能检测和汽车操纵稳定性检测等。如汽车制动性能检测目的是对在定期维护保养中进行过拆卸、检查、安装和调整的制动系统做汽车行驶检测，以确保汽车制动性能的正常发挥。

二、道路检测的工作内容

1．检测制动系统

2．检测离合器系统

3．检测转向系统

4．检测自动驱动桥系统

5．检测其他装置

三、道路检测的方法和技术要求

（一）检测制动系统的方法和技术要求

车辆在正常使用条件下，制动系统必须能控制车辆的行驶，且使车辆安全、迅速、有效地停住。行车制动必须是可控制的，必须保证驾驶员在其座位上双手无需离开方向盘就能实现制动。另外，还须检测：

1．根据施加在踏板上的力检查制动器功能和两侧是否都没有拉力。

2．检查制动器是否有尖叫声。

3．检查制动器踏板是否有足够的行程余量。

4．检查类似振动或踏板松软的异常现象。

5．检查在松开驻车制动器时是否有结合发抖。

行车制动器检查示意图，如图 10-1-1 所示。

图 10-1-1　行车制动器检查示意图

（二）驻车制动系统检测的方法和技术要求

驻车制动必须能通过纯机械装置把工件部件锁住，使车辆停驻在上坡或下坡的地方，即使驾驶员离开也如此。驾驶员必须能够在其座位上就可实现驻车制动。

在有一定斜度的斜坡上，检查仅使用驻车制动时，车辆应该能够停留在斜坡上。

驻车制动系统检查示意图，如图 10-1-2 所示。

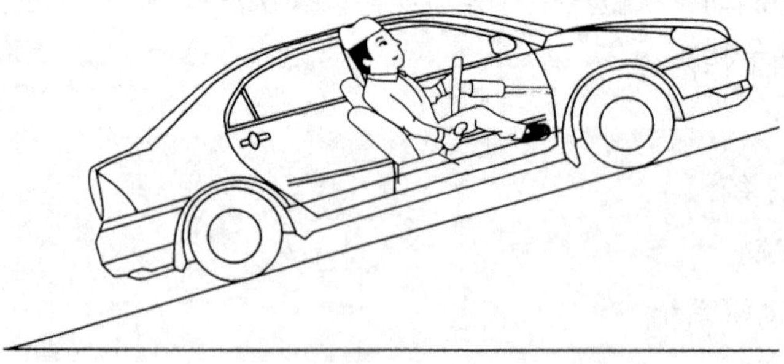

图 10-1-2　驻车制动系统检查示意图

（三）离合器系统检测的方法和技术要求

离合器是发动机与变速器之间的传力机构，其接合或分离可以执行或中断发动机与传力系统之间的动力传递，可保证汽车平稳起步，防止传动系过载。机动车运行安全技术条件规定，汽车的离合器应接合平稳，分离彻底，工作时不允许有异响、抖动或不正常打滑等现象。如果离合器踏板工作状况不好、离合器踏板行程不合适等会影响汽车正常运行。检测离合器系统不应有离合器打滑、分离不彻底、接合不平顺和异响等现象。

1. 车辆原地起步检测离合器系统，换到第一挡齿轮，并检查在车辆开始移动时离合器是否啮合平稳并在加速时没有滑动。

2. 检查在踏板踩下时是否有不正常噪声或振动。

（四）转向系统检测的方法和技术要求

汽车转向系技术状况的好坏，对汽车的行驶安全有着重要的影响。道路检测转向系统的行驶直线性，转向以后应有回正力矩，转向灵敏和操纵稳定和不摆振。

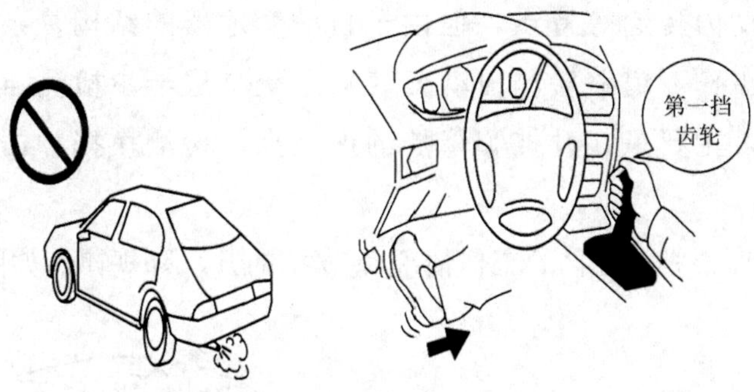

图 10-1-3 离合器系统检查示意图

在道路上检测：

1. 当车轮笔直向前时，方向盘是否在适当位置，如图 10-1-4 所示。

2. 方向盘不偏向一侧，如图 10-1-5 所示。

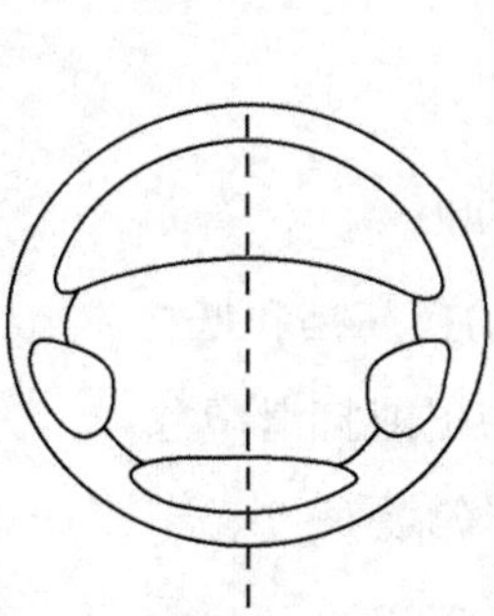

图 10-1-4 车轮笔直时方向盘位置示意图

图 10-1-5 检查方向盘不偏一侧示意图

3. 检查应该没有异常噪声和结合发抖，而且转向操作方便并能自然回复到原始位置。如图 10-1-6 所示。

4．转向时方向盘不发飘，不摇振，不颤振等，如图 10-1-7 所示。

图 10-1-6　检查方向盘抖动示意图

图 10-1-7　检查方向盘不发飘、不颤振示意图

（五）自动变速器系统检测的方法和技术要求

自动变速器能自动操纵汽车起步、选挡和换挡等功能。它具有无级变速、无级变扭、换挡时不中断动力传递等特点。但由于自动变速器的结构复杂，任何部件出现故障，都会影响正常工作。道路检测自动变速器系统是进一步检测自动变速器系统的使用性能和换挡性能，主要是在升挡和降挡的换挡点，检测换挡冲击、振动、噪声和打滑等方面。

检测 D 挡、R 挡、2 挡、L 挡的工作情况和 D 挡的升、降规律，如图 10-1-8 所示。

图 10-1-8　自动驱动桥系统检查示意图

1．检查当在 D 挡、R 挡、2 挡、L 挡时，能正常起步和行驶。

2．检查当在“2”和“D”挡内行驶时，变速器是否能自动换高挡和低挡。

3．检查在正常驾驶、齿轮变换、启动时，是否有振动、冲击或打滑现象。

4．检查在正常驾驶、齿轮变换、启动时，是否有振动和异常噪声。

（六）其他装置检测的方法和技术要求

在道路检测时，除了检测制动系统、检测离合器系统、检测转向系统和检测自动驱动桥系统外，还应检测发动机、底盘和车身等方面造成的不正常现象。

在道路检测时，检查车辆下列装置在工作时有无振动和不正常噪声，如图 10-1-9 所示。

1．检查发动机是否有振动和不正常噪声。

2．检查传动链是否有振动和不正常噪声。

3．检查悬架系统是否有振动和不正常噪声。

4．检查转向系统是否有振动和不正常噪声。

5．检查制动系统是否有振动和不正常噪声。

6．检查车身是否有振动和不正常噪声。

图 10-1-9　其他装置检查示意图

表 10-1-1　　道路检测的工作表

维护项目作业顺序及项目作业技术要求				
道路检测项目				
序号	检测部位	检测项目	技术要求	备　注
1	行车制动器检查	制动器功能和两侧拉力	制动器功能应良好	
1	行车制动器检查	制动器噪声	制动器没有尖叫声	
1	行车制动器检查	制动器踏板行程余量	制动器踏板应有足够的行程余量	
1	行车制动器检查	振动或踏板松软	应无振动或踏板松软的异常现象	
1	行车制动器检查	发抖	应无发抖现象	
2	驻车制动系统检查	驻车效能	仅使用驻车制动器时，车辆能够停留在斜坡上	
3	离合器系统	离合器效能	换到第一挡齿轮并检查在车辆开始移动时，离合器应啮合平稳并在加速时没有滑动	
3	离合器系统	噪声或振动	在踏板踩下时没有不正常噪声或振动	
4	转向系统	转向系效能	当车轮笔直向前时，方向盘应在适当位置	
4	转向系统	侧偏与自动回位	车辆应无侧偏，且方向盘能自动回位	
4	转向系统	发飘、摇振、颤振等	应无发飘、摇振、颤振等现象	

（续表）

序号	检测部位	检测项目	技术要求	备　注
5	自动驱动桥系统	自动换高挡和低挡效能	变速器能自动换高挡和低挡	
		振动、冲击或打滑	应没有振动、冲击或打滑现象	
		振动和异常噪声	应没有振动和异常噪声	
6	其他装置	发动机振动和不正常噪声	应无振动和不正常噪声现象	
		传动链振动和不正常噪声		
		悬架系统振动和不正常噪声		
		转向系统振动和不正常噪声		
		制动系统振动和不正常噪声		
		车身振动和不正常噪声		